KB262352

중학생을 위한

교과서로 통하는 논술 2-1

중학생을 위한

교과서로 통하는 논술 2-1

초판 1쇄   2006년 2월 13일
초판 2쇄   2007년 5월 25일

저 자   정기철
펴낸이   최종숙
편 집   이태곤 · 김주헌
펴낸곳   도서출판 글누림
         서울 서초구 반포4동 577-25 문창빌딩 2층
         전화   3409-2055 / FAX   3409-2059
         이메일   nurim3888@hanmail.net
         등록   2005년 10월 5일 제303-2005-000038호

ISBN   89-91990-13-4 53370
정가   9,500원

* 잘못된 책은 교환해 드립니다.

중학생을 위한

교과서로 통하는 논술 2-1

정 기 철

글누림

서 문

　요즘은 어디서나 '논술'이라는 단어를 만날 수 있다. '논술'이라는 단어를 보면 묘한 기분에 빠진다. 좋지만 왠지 마냥 좋아할 수만은 없고, 그렇다고 기분 나빠할 수도 없는 이상야릇한 감정에 빠진다.

　모두가 알다시피, 21세기는 '고도의 지식정보사회'이다. 따라서 우리 아이들이 살아갈 21세기는 고도의 지식과 더불어 고도의 정보 처리 능력도 가지고 있어야 한다. 그리고 이들을 한데 묶어 상승 효과(시너지 효과)를 얻고 더욱 견고하게 하려면 창의력과 체계적인 논리력이 있어야만 한다.

　이러한 관점에서 2008년도 대학 입시부터 논술의 비중을 높이고 논술 교육에 관심을 갖는 것은 무엇보다도 반가운 일이다. 하지만, 논술을 상업적으로 이용하는 것 같아 씁쓸하기만 하다.

　논술을 단순히 입시 제도로 인식하거나 취급해서는 안 된다. 논술은 개인과 사회의 운명이다. 21세기는 5지선다형이나 단답형에 익숙한 인간을 원하지 않는다. 5지선다형과 단답형의 벽에 갇혀 있는 지식이나 정보는 필요하지 않다. 그런 인간과 사회는 21세기에는 고통스럽게 쇠락의 길을 걷게 될 것이다.

　탄탄한 기본 지식과 그 지식을 창의적으로 응용하고 새로운 형태로 조합할 줄 아는 인간과 사회만이 번영의 길을 걸을 것이고 살아남을 것이다. 그래서 우리는 새로운 세기를 맞이하면서 '독서'를 부르짖었다. 하물며, 어느 방송사에는 '책! 책을 읽읍시다'라는 코너를 만들어 독서를 강조하고 '기적의 도서관'을 세우는 데 앞장서기까지 했다. 그리고 온 국민이 열광하고 직간접으로 참여하였다.

　그러나, 이제 우리 사회(또는 세계)는 독서에서 글쓰기로 그 중심을 빠르게 옮겨가고 있다. 아니, 빠르게 옮겨 갈 것을 요구하고 있다. 그 이유는 독서에서 얻은 지식과 상상력은 다분히 추상적이고 일회적인 특성을 지니고 있다. 따라서 글쓰기를 통해 지식을 구체화하고 견고하게 해야만 한다. 다시 말해, 독서를 통해 얻은 지식과 상상력은 머릿속에서 맴돌다가 어느 순간 사라지기 쉽기 때문에 글쓰기를 통해 현실 생활에서 구체적으로 활용할 수 있도록 해야 한다는 것이다.

　뿐만 아니라, 글쓰기를 통해 이전의 지식·경험들과 독서에서 얻은 지식·경험들이 서로 새로운 의미로 만나고, 새로운 의미와 형태를 갖출 수가 있다. 특히, 글쓰기는 독서와는 달리, 글을 읽을 사람(객관적 세계)과 글을 쓰는 나(주관적 세계)가 끊임없이 영향을 주는 활동이어서 또 다른 새로운 세계를 형성하기도 한다.

글쓰기의 가장 높은 곳에 논술이 있다. 그만큼 논술은 고도의 인간 행위이다. 그래서 논술에는 왕도가 없다. 논술 능력은 풍부하고 깊이 있는 독서를 바탕으로 하여 꾸준한 토론과 글쓰기 연습을 통해야만 쌓을 수 있다. 그리고 이러한 과정 속에서 '삶은 무엇인가?', '어떻게 살아야 하는가?'에 대해 꾸준히 스스로에게 질문하고 그 답을 모색하여야 한다. 논술은 단순한 지식을 묻거나 개인의 글쓰기 능력을 판단하기 위한 것이 아니다. 더욱이 글쓰기 기교를 보자는 것은 더더욱 아니다. 논술은 그 자체가 21세기 교육의 목표이며, 교육 과정이고, 교육의 결과이다. 다시 말하면 논술, 논술교육에는 삶에 대한 철학과 혼이 깃들어 있어야 한다. 그래서 논술은 철학이며, 문학이고, 삶의 역사이다.

무엇보다도 중요한 것은, 중학교 논술교육은 중학교 논술교육다워야 한다는 것이다. 중학교 논술교육이 중학교 논술교육답기 위해서는 몇 가지 자격을 갖추어야 한다.

하나. **교과서 중심이어야 한다.** 교과서 중심이어야 한다는 것은 중학교 논술교육은 중학교 정규교육을 풍부하게 하고 깊게 하는 것이어야 한다는 것을 의미한다. 중학생들은 아직 구체적 조작능력이 완성되지 않았다. 따라서 여러 사항을 종합적으로 고찰해야 하는 고등학생 논술을 피하고 교과서를 중심으로 사고를 깊게 하는 데 주력해야 한다.

하나. **문학 중심이어야 한다.** 중학생이면 사춘기를 시작하는 나이이다. 나만의 삶을 살고 싶은 욕망이 강렬한 시기이다. 어른들의 삶에 반항하면서도 내 삶을 어떻게 살 것인지에 대해 고민하고, 내 삶을 찾기 위해 방황하는 시기이다. 따라서 이 시기의 중학생들은 문학을 통해 많은 삶을 만나고 삶을 사는 여러 방식을 이해하고 깨닫게 된다. 뿐만 아니라, 문학이 지닌 비유와 상징을 통해 상상력과 감수성을 키우고 그 속에서 어휘력과 표현력을 효율적으로 기를 수 있다.

하나. **일상적인 삶 중심이어야 한다.** 이 시기의 학생들은 환상적인 것이나 순정, 하이틴 로맨스, 성적인 이야기에 관심을 갖는다. 그러나 환상성은 이 시기 학생들의 인지 발달을 방해하거나 퇴행을 불러오기도 한다. 또한 현실성을 무시한 순정이나 로맨스는 학생들의 현실 감각을 무디게 하고, 정상적인 인간관계 형성을 방해한다. 따라서 일상, 또는 다분히 일상적인 글이나 현실 사회를 읽을 수 있는 신문 등 각종 미디어를 수업의 자료로 삼아 읽고 토론하고 비판하는 것이 중요하다.

하나. **학습자 중심이어야 한다.** 학습자 중심 교육은 7차 교육과정의 핵심이다. 학습자 중심 교육을 실행하기 위해서는 학습자가 기획하고, 학습자가 스스로를 드러내고, 학습자가 운영하고 평가하는 교육이어야 한다. 따라서 교사는 수업에서 한 발 물러서서 조정자의 역할을 하면 된다. 그리고 학습자의 관심 대상이 무엇인지, 학습자들에게 필요한 것이 무엇인지를 파악하여 제공하는 역할을 하여야 한다. 교과서 역시 마찬가지이다. 무엇을 말하고 가르치려고 해서는 안 되고, 안내하고 제시하는 역할을 충실히 할 수 있어야 한다.

하나. **나 중심이어야 한다.** 이 시기의 학습자들은 구체적 조작 능력이 발달한다. 실험과 시험하기를 좋아하고 어떠한 현상이나 사실 가운데 나를 놓아보거나 나를 대입하는 것을 좋아한다. 그리고 그렇게 할 수 있도록 도와야 한다. 독서와 토론을 수행하는 과정에서도 끊임없이 나를 중심에 놓고 나를 대입할 수 있도록 하여야 한다. 주인공 대신 나를 대입해 보고, 문제 기사를 읽고 토론하면서 그 사건의 주범이나 피해자에 나를 대입할 수 있도록 해야 한다. 그래야만 인간과 인간의 삶을 이해하고 포용하는 폭이 넓어지고 깨달음의 깊이가 깊어진다. 그래야만 사물을 보는 눈이 근원적이 되고 다양해진다. 이러한 능력과 자질을 갖추었을 때, 삶을 행복하게 살 수 있고 논술을 잘 할 수 있는 것이다.

하나. **통교육이어야 한다.** 21세기는 다양성을 넘어 다중의 시대이다. 대학에서도 하나의 전공에 목매던 시대는 지났다. 이제 복수 전공을 지나 다전공 제도가 정착하고 있다. 초·중·고 교육에서 여러 과목으로 나눈 것은 교육의 수월성과 편의성, 그리고 학문의 깊이를 더하고자 하는 의도에서 이다. 하지만, 결국은 그 모두를 통합해야 한다. 각각 지식과 정보를 조합하고 응용해야 한다. 그래서 요즘 통합교육이라는 말을 자주 들을 수 있는 것이다. 그러나 통합이라는 말에는 다른 것들을 하나로 모은다는 뜻이 크다. 따라서 통합교육이 아니라 '통교육'이어야 한다. 학문과 지식은 원래 하나이다. 어떤 의도에 의해, 또는 편의상 그것을 여러 과목으로 나누어 놓았을 뿐이다. 이제 원래대로, 통 그 자체를 교육해야 한다. 이것이 바로 21세기 교육과 논술이 지향하는 세계이다.

이 책은 이러한 정신과 철학을 담고 있다. 교과서와 통하고, 학습자 스스로와 통하고, 일상생활과 통하고, 현실의 삶과 통한다. 이것들을 다 묶어서 통으로 통한다. 단순히 논술고사를 잘 보겠다는 천박한 실적주의를 멀리하고 '나'의 삶을 나 스스로 조직하고, 다른 사람과의 원만한 관계를 형성하고, 삶에 대한 확고한 신념과 철학을 지향한다. 그래서 나의 행복을 만들어내고, 건강한 사회를 형성하며, 발전적인 미래와 희망을 낳기 위해 노력하는 '나'를 갈구한다. 그러면서 자연스럽게 논술능력을 갖추게 되는 것이다.

이 책은 2년 전인 2004년부터 계획하고 집필하였다. 그러면서 2년 동안 푹 익게 하였다. 중학교 교과서를 다시 뒤지고, 신문이나 잡지 인터넷과 끊임없이 소통하였다. 가교재를 만들어 중학생들과 직접 수업을 하면서 아이들의 반응과 수업 효과를 분석하였다. 그리고 가교재를 사용하신 선생님들의 의견을 최대한 수렴하였다. 인생이, 우리의 교육이, 논술이 정답이 있다는 고정관념에서 잠시만이라도 벗어날 수 있다면, 이 책은 우리 중학생들을 행복하게 할 수 있고 수업시간을 재미있는 시간으로 만들 수 있다고 자부한다. 뿐만 아니라, 우리 중학생들을 헛똑똑이 아닌, 참똑똑으로 자랄 수 있도록 도울 수 있다고 자신 있게 말할 수 있다. 그러면서 그 힘으로 대입 논술고사에서도 기대하는 것 이상의 결과를 얻을 수 있으리라는 믿음을 갖고 있다.

이 책을 위해 2년 동안 토론에 참석하고, 자료를 모으고, 학생들의 반응과 선생님들의 의견을 수렴하고 분석하는 데 힘을 모아주신 분들께 감사를 드린다. 박경희, 서진배, 손민영, 송은미, 이선해, 천명은 선생님께 감사드린다. 그리고 이 책에 관심을 갖고 기꺼이 머리와 손을 빌려주신 이명미, 안지순 선생님께도 감사드린다. 이 책을 내주신 글누림 출판사의 최종숙 사장님, 책을 예쁘게 꾸며주신 이태곤 편집장님, 김주헌 편집과장님에게도 감사하다는 말씀을 전한다.

2006. 1.

정기철

교통논술 목차

방송언어의 규제와 자율

교과서 관련 단원 국어1-2 : 「모든 순간이 꽃봉오리인 것을」

주제 : 방송언어의 정도를 법으로 규제해야 하는가

주제선정 배경 : 문학 언어는 일상 언어와 같으면서도 다른 언어를 가지고 있다. 특히 시의 언어는 '시적 허용'을 통해 운율을 살리거나 의미를 강조한다. 그렇다면 방송 언어의 경우는 어떠해야 하는가. 현재 방송 언어는 시대가 요구하는 문화 코드에 따라 다양하게 변하고 있다. 그러면서 일상 언어를 여과 없이 재현하는 경우도 생기게 되는데 이처럼 일상 언어를 여과 없이 재현해야 하는지, 아니면 나름대로 어떠한 변별점을 가져야 하는지 생각해 본다.

다음은 KBS <개그콘서트>의 일부 내용입니다. 잘 읽고 생각해 보세요.

김준호 : 안녕하십니까. 월드뉴스에 샘 클린턴입니다.

첫 소식입니다. 고속철도인 KTX 광명역에 폭발물이 설치돼 있다며 허위 신고한 30대 남자가 경찰에 붙잡혔습니다. 그는 광명역 승객이 별로 없어 사회적 관심을 집중시켜 승객이 모이도록 하기 위함이라고……

샘 : (준호의 말을 끊으며) 뻥 까고 있네.

김준호 : 뻥 깠답니다. 뭔 소리냐? (샘을 향해) 방송에서 너 지금 뻥이 뭐야 뻥이~ 너 땜에 피곤해 죽겠다, 내가 아주~

샘 : 어? 형, 어제 날밤 깠어?

김준호 : 야, 너 지금 생방에서 뭐야? 사과해.

샘 : 형은 왜 그리 나만 미워해.

김준호 : 너만 미워하는 게 아니구. 빨리 사과하라구, 빨리.

샘 : 쏘리 쏘리 아임 쏘리?

김준호 : 쌩큐 베리 감사합니다~

김준호 : 다음 소식입니다. 예술의 신화이자 팝아트의 거장 앤디 워홀은 비디오아트의 광적인 숭배자였는데요. 한 아이의 아버지이기도 한 그는 아들에게 이런 말을 자주 했다고 합니다.

샘 : (준호의 말을 가로채며) 인생을 즐겨라.

김준호 : 인생을 즐기라구요.

샘 : (노래를 부른다) 아버지는 말하셨지~

김준호 : (샘과 함께 노래를 부른다) 인생을 즐겨라~ 웃으면서 사는 인생 한 번 뿐이다~

샘 : (노래를 부르며 곰 탈을 쓴다)

김준호 : (곰 탈 쓴 샘을 보며) 뭔 짓이냐 이게. 지금 뭐 하는 거야? 안 벗어? 안 벗어? 지금 뉴스에서 뭐야! 지금 생방하고 있는데.

샘 : 쏘리 쏘리 아임 쏘리?

김준호 : 쌩큐 베리 감사합니다~

…하략…

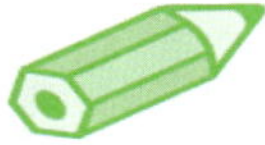

1 말, 말, 말을 찾아라! 위의 글에서 다음의 말들을 찾아 보세요

유행어가 될 것 같은 말	재미있는 말	귀에 거슬리는 말

2 유행어란 어느 일정 기간 신기한 어감을 띠고, 여러 사람들에게 많이 쓰이는 말입니다. 과거의 유행어들 중 기억나는 유행어를 적어보세요.

예) 따봉, 아자아자, 부자되세요, 엽기

3 내가 생각하기에 재치 있는 말솜씨를 가진 연예인은 누구인가요? 재치 말솜씨 짱 연예인 BEST 3을 선정해 보고, 그렇게 정한 이유를 써 보세요.

예) 강호동, 유재석, 이혁재, 지석진

1위 :

2위 :

3위 :

방송언어의 정도를 법으로 규제해야 하는가

다음 내용은 <머니투데이 스타뉴스>가 보도한 기사의 일부입니다.
잘 읽고 생각해 보세요.

딜레마에 빠진 드라마 욕과 비속어

최근 드라마에는 주인공이 욕하는 장면을 흔히 볼 수 있다. 사실 일상 생활에서 욕이나 비속어를 전혀 하지 않는 경우가 있을까? 예전 같으면 저속하다고 비난받았을 욕. 리얼리티가 갈수록 강조되는 드라마와 현행 방송 규정 사이에서 딜레마에 빠진 욕을 조명해본다.

지난주 시청률 40%를 돌파했던 KBS2 '장밋빛 인생'의 명장면을 꼽으라면 단연 맹순의 친모(김해숙)가 암에 걸린 맹순의 소식을 듣고 가슴을 부여잡고 울던 장면이지 않을까?

아이들을 버리고 가출해 나온 맹순의 친모는 얼굴에 멍이 들어있고 머리는 부시시하며 손님 없는 작은 식당을 경영한다. 식사하러 온 손님들에게 농락당하고 술주정뱅이 남편에게 얻어맞아도 맹순모는 화도 내지 못하는 처지다.

구태여 설명없이도 밑바닥 인생을 살아온 맹순모가 느껴지는데, 그런 그녀가 평생을 가슴저려온 딸이 암에 걸렸다는 사실을 알게 된다면 맹순모는 "나 같은 년 때려죽여라. 하늘도 무심하시지. 새끼 버린 년이나 잡아가지, 왜 그 불쌍한 걸 잡아가? 왜 생떼같은 내 새낄 잡아가냐구. 내가 미친 년이야."라며 오열한다.

이 장면에서 '미친년'이 없다면 진정 가슴에 와 닿을 수 있을까? '미친년'은 분명 욕이다. 아무것도 해줄 수 없는 맹순모는 자신을 꾸짖고 싶다. 자기가 맹순이를 버려서 맹순이가 모진 병에 걸린 거라 자책한다. 그래서 자신에게 욕을 한다. 여기서 욕은 '분노'다.

MBC '내 이름은 김삼순'에서 삼순이가 삼식이에게 하는 말, "봐, 말탱구리 같은 자식아." 출처를 알 수 없는 욕이다. 또한 삼순이는 "내가 돈 지랄한다고?", "네 이논, 너 닥쳐." 등 여러 번 욕을 한다. '말탱구리 자식' '지랄' '이논', 분명 욕인데 거부감이 없다. 오히려 우습다.

상황이 우습기도 하지만 재미난 욕은 '웃음'을 유발한다. MBC '안녕, 프란체스카'의 이사벨(김수미)은 "야 이 놈 쉐끼 전화를 왜 먼저 끊고 지랄이야, 이 쉐끼"라며 욕을 지른다. 어찌나 욕을 잘하는지 극중 이사벨은 욕쟁이 할머니 아르바이트까지 한다.

삼순이의 욕이나 이사벨의 욕은 화가 나서라기보다 상황을 재미나게 만들어주는 역할을 한다. 코믹한 캐릭터임을 보여주기 위해 쓰인다. 여기서 욕은 '웃음'이다. 욕쟁이 할머니의 욕을 일부러 듣고 싶어 찾아간 손님들은 그 욕이 '분노'에 차서가 아니라 '웃음'을 유발하는 욕을 들으며 생기를 돋우기 위함이지 않을까. MBC '비밀남녀'의 깔끔한 정장을 입은 아미(송선미)는 고급 호텔에서 예의 없는 맞선남을 만난다. 참다못한 아미는 맞선남에게 "자꾸 그렇게 지랄하실래요. 자존심 세우지 말고 그거나 다 쳐먹고 가세요"라고 당돌하게 말한다.

이 말을 들은 맞선남은 얼굴이 하얗게 질리지만 아미는 태연하게 눈을 내리깔고 우아하게 앉아있다.

극중 아미는 부잣집에서 태어나 피부과 전문의라는 직업의 아름다운 여성으로 나온다. 교양 있는 아미가 집안의 체면이 걸린 조심스러운 맞선 자리에서 '지랄'같은 욕을 맞선남에게 직접 하는 것은 반전의 묘미를 준다.

　　아미의 '욕'은 시청자들이 그녀의 외적인 조건에서 우러나오는 선입관을 버리게 만든다. 여기서 욕은 '일탈'이며 그녀의 또 다른 면을 보여준다. 결코, 만만치 않은 여성임을.

　　그러나 분명한 것은 현행 방송심의에 관한 규정 제52조에 따르면 '방송은 표준말의 보급에 이바지하여야 하며 언어순화에 힘써야 한다. 방송은 바른 언어생활을 해치는 억양, 어조 및 비속어, 은어, 유행어, 조어, 반말 등을 사용하여서는 아니 된다'.

　　또한 전 연령대 시청자가 보는 지상파 방송에서 상스러운 욕과 비속어가 남발하는 것은 규제받아 마땅하다. 하지만 드라마 속 욕은 지나치지 않으면 극적 분노, 웃음, 일탈을 표현하는 도구로 적합하다는 것이 또한 '현실'. 욕과 비속어가 가진 딜레마다.

☞ <머니투데이 스타뉴스>, 김겨울 인턴기자(winter@mtstarnews.com)

01 드라마를 보다 보면 가끔 욕이나 비속어를 듣게 됩니다. 그동안 드라마에서 들은 욕과 비속어를 생각나는 대로 적어 보세요. 가능하다면 문장 형태들로 써 보세요.

①

②

③

④

02 글쓴이는 드라마에서 사용하는 욕과 비속어가 어떤 효과를 가져 온다고 말하고 있나요? 찾아서 정리해 보고, 그에 대한 내 생각도 함께 정리해 보세요.

글쓴이의 생각	나의 생각

▶ KBS2
〈장밋빛인생〉의
맹순모

글쓴이의 생각	나의 생각

▶ MBC
〈내 이름은
김삼순〉의
김삼순

글쓴이의 생각	나의 생각

▶ MBC
〈안녕,
프란체스카〉의
이사벨

글쓴이의 생각	나의 생각

▶ MBC
〈비밀남녀〉의
아미

03 방송심의에 관한 규정 제52조에 따르면 '방송은 표준말의 보급에 이바지하여야 하며 언어순화에 힘써야 한다. 방송은 바른 언어생활을 해치는 억양, 어조 및 비속어, 은어, 유행어, 조어, 반말 등을 사용하여서는 아니 된다'고 합니다. 이러한 규정에 잘 따르고 있는 프로그램과 그렇지 않은 프로그램을 찾아보세요.

잘 따르고 있는 프로그램	잘 따르고 있지 않은 프로그램
1.	1.
2.	2.
3.	3.
4.	4.

04 시대가 흐를수록 방송언어는 화려하고 자극적으로 변하고 있습니다. 이것은 특히 드라마나 연예·오락 프로그램에서 뚜렷하게 확인할 수 있는데요. 프로그램의 특성을 존중해 주어야 할까요, 아니면 좀 더 규제가 필요할까요? 친구들과 의견을 나누어 보세요.

특성을 존중해야 한다
좀 더 규제가 필요하다

05 앞에서 이야기한 것을 바탕으로 방송언어의 사용 정도에 대한 자신의 의견을 논술하세요.

【유의사항】
① 분량은 500자 내외로 할 것.
② 현재 방송중인 프로그램의 예를 들 것.
③ 자신의 의견에 대한 근거를 분명히 할 것.

 다음은 방송심의에 관한 규정 중 방송언어에 관한 부분입니다. 잘 읽고 생각해 보세요.

제8절 방송언어

제52조(방송언어)

① 방송은 바른말을 사용하여 국민의 바른 언어생활에 이바지하여야 한다.

② 방송언어는 원칙적으로 표준어를 사용하여야 한다. 특히 고정진행자는 표준어를 사용하여야 한다.

③ 방송은 바른 언어생활을 해치는 억양, 어조 및 비속어, 은어, 유행어, 조어, 반말 등을 사용하여서는 아니 된다.

제53조(사투리 등)

방송은 외국어를 사용할 때는 국어순화의 차원에서 신중하여야 하며, 사투리를 사용할 때는 인물의 고정유형을 조성하여서는 아니 된다.

☞ 개정 2004.10.25

이것만은 꼭!

〈내가 만드는 방송심의 규정〉

방송언어와 관련된 심의 규정 세부 사항 5개조를 만들어 보세요. 그리고 왜 그런 규정이 필요한지, 혹은 왜 그 규정이 적절한지 써 보세요.

제1조 : 예) 한 회당 은어나 비속어를 10회 이상 사용할 수 없다.

→ 은어나 비속어가 너무 없으면 흥미가 없을 것이다.
그렇다고 너무 많으면 방송이므로 곤란하다.

제2조 :

제3조 :

제4조 :

제5조 :

언어는 인간의 사고를 담아내는 그릇이라 할 수 있습니다. 따라서 어떠한 언어생활을 하느냐에 따라서 그 사람의 사고 또한 틀을 달리합니다. 대한민국 중학생 친구들에게 어떠한 언어문화가 정착되어야 할 것인지 생각해 보고, 적절한 언어심의규정을 만들어 보세요.

제 1 장 총 칙

제1조(목적)

이 규정은 대한민국 중학생의 바람직한 언어문화 정착을 위하여 필요한 사항을 정함을 목적으로 한다.

제 2 장 언 어

제1조 ____

____

제2조 ____

____

제3조 ____

____

제4조 ____

____

제5조 ____

____

사설시조

작자 미상

窓(창) 내고쟈 창을 내고쟈 이 내 가슴에 창 내고쟈

고모장지 셰살장지 들장지 열장지 암돌져귀 수돌져귀 비목걸새 크나큰 쟝도리로 둑닥 바가 이 내 가슴에 창 내고쟈

잇다감 하 답답홀 제면 여다져 볼가 ᄒᆞ노라

☞ 생각나누기

1. 화자가 가슴에 창을 내고자 하는 이유는 무엇일지 서로의 생각을 나누어 보세요.

2. 화자는 자신의 심정을 '창'에 빗대어 표현하고 있습니다. 현재 나의 심정을 표현할 수 있는 사물은 무엇인지 말해 보세요.

낱말풀이

- 고모장지 : 고무래 들창, 고무래 장지
- 셰살장지 : 가는 살의 장지. 가로 세로의 살대를 가늘게 다듬어서 만든 장지
- 들장지 : 들어 올려서 매달아 놓게 된 장지
- 열장지 : 좌우로 열어젖히게 된 장지
- 돌져귀 : 돌쩌귀 문짝을 달고 여닫기 위한 쇠붙이로 암수 두 개의 물건으로 됨.
- 배목걸새 : 문고리에 꿰는 쇠

인간과 동물

교과서 관련 단원 국어1-심화 : 「귀뚜라미」

주제 : 인간 생존과 동물 보호는 공존할 수 있는가

주제선정 배경 : 어제까지 울던 귀뚜라미가 오늘은 울지 않는다는 시 속 화자의 목소리는 지구라는 공간을 함께 사용하고 있는 인간과 인간 외 생물의 터전을 돌아보게 한다. 과연 인간과 인간 외 생물은 공존할 수 없는 것인지 생각해 본다.

 다음은 시인 김광섭의 「성북동 비둘기」라는 시 입니다. 잘 읽고 생각해 보세요.

성북동 비둘기

김 광 섭

성북동 산에 번지가 새로 생기면서
본래 살던 성북동 비둘기만이 번지가 없어졌다.
새벽부터 돌 깨는 산울림에 떨다가
가슴에 금이 갔다.
그래도 성북동 비둘기는
하느님의 광장 같은 새파란 아침 하늘에
성북동 주민에게 축복의 메시지나 전하듯
성북동 하늘을 한 바퀴 휘돈다.

성북동 메마른 골짜기에는
조용히 앉아 콩알 하나 찍어 먹을
널찍한 마당은커녕 가는 데마다
채석장 포성이 메아리쳐서
피난하듯 지붕에 올라 앉아
아침 구공탄 굴뚝 연기에서 향수(鄕愁)를 느끼다가
산1번지 채석장에 도로 가서
금방 따낸 돌 온기에 입을 닦는다.

예전에는 사람을 성자(聖者)처럼 보고

사람 가까이서

사람과 같이 사랑하고

사람과 같이 평화를 즐기던

사랑과 평화의 새 비둘기는

이제 산도 잃고 사람도 잃고

사랑과 평화의 사상까지

낳지 못하는 쫓기는 새가 되었다.

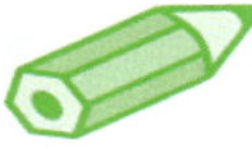

위에서 읽은 시의 내용을 바탕으로 4컷 만화를 그려보세요.

<table>
<tr><td>1</td><td>2</td></tr>
<tr><td>3</td><td>4</td></tr>
</table>

앞의 시는 도시를 개발하면서 보금자리를 잃은 비둘기를 중심으로 노래하고 있습니다. 이번에는 여러분이 시인이 되어 볼까요? 도시를 개발하면서 새로운 보금자리를 얻게 된 사람을 중심으로 시를 한 편 지어 보세요.

성북동

____

성북동 산에 번지가 새로 생기면서

집 없이 떠돌던 우리 식구만의 번지가 생겼다.

_________________________________ 떨다가

가슴이 벅차 올랐다.

그래서 성북동 __________ 은/는

_________________같은 ________________에

성북동 주민에게 축복의 메시지나 전하듯

성북동 _________________을/를 한 바퀴 휘돈다.

성북동 __________________ 에는

__________________ 앉아 _______________먹을

넓직한 ________________ 가는 데마다

______________________ 메아리쳐서

______________________ 올라 앉아

__________________ 에서 __________ 을/를 느끼다가

______________ 에 도로 가서

__________________ 에 입을 닦는다.

인간 생존과 동물 보호는 공존할 수 있는가

다음은 미국 피어스 대통령 시대의 아메리칸 추장인 시애틀 추장의 연설을 수잔 제퍼스가 재구성한 글입니다. 잘 읽고 생각해 보세요.

시애틀 추장

…상략…

시애틀 추장은 외쳤습니다. 당신들은 돈으로 하늘을 살 수 있다고 생각하는가? 당신들은 비를, 바람을 소유할 수 있다는 말인가?

내 어머니가 옛날 내게 이렇게 말씀하신 적이 있다. 이 땅의 한 자락 한 자락 그 모든 곳이 우리 종족에게는 성스럽다고. 전나무 잎사귀 하나 물가의 모래알 하나, 검푸른 숲 속에 가득 피어오르는 안개의 물방울 하나, 초원의 풀 하나 하나, 웅웅거리는 곤충 한 마리 한 마리마다 우리 종족의 가슴 속에 그 모두가 성스럽게 살아있는 것들이라고.

언젠가 내 아버지가 내게 이렇게 말씀하신 적이 있다. 나는 나무들 몸속에 흐르는 수액을 내 혈관을 흐르는 피처럼 잘 알고 있노라고. 우리는 이 땅의 일부이고 이 땅은 우리의 일부라고. 대지 위에 피어나는 꽃들은 우리의 누이들이라고. 곰과 사슴과 독수리는 우리의 형제라고. 바위산 꼭대기, 널따란 들판, 그 위를 달리는 말들 그 모두가 한 가족이라고.

내 조상들의 목소리가 내게 말했다. 반짝이며 흐르는 시냇물은 네 조상의 조상들, 그들의 피가 살아 흐르는 것이라고. 맑디 맑은 호수에 어리어 비치는 살아있는 영혼의 모습은 우리 종족의 삶에 관한 기억이라고. 속삭이는 물결은 할머니의 목소리. 강들은 너의 형제들.

목마를 때 너의 목을 적셔주고 우리가 탄 카누를 옮겨주고 우리 자식들을 먹여 키우니, 너는 형제에게 대하듯 똑같은 사랑으로 강들을 대해야 한다고.

내 할아버지 목소리가 내게 말했다. 대기는 헤아릴 수 없을 만큼 값진 것이라고. 대기가 키워 가는 모든 생명마다 대기의 정령이 깃들어 있으니 내게 첫 숨을 쉴 수 있게 해 준 저 대기에 내 마지막 숨을 돌려주었다고. 들꽃 향기 가득한 바람을 느끼고 맛볼 수 있는 저 땅과 대기를 너는 성스럽게 지켜가야 한다고.

마지막 인디언 남자와 마지막 인디언 여자가 사라지고 난 뒤, 인디언에 대한 기억이 오직 초원에 드리워진 뭉게구름 위 그림자뿐일 때, 그 때도 해안과 숲과 내 종족의 영혼은 아직 남아있을 것인가?

내 조상들은 내게 말했다. 우리는 알고 있지, 이 땅은 우리의 소유가 아니라 우리가 이 땅의 일부란 것을.

내 할머니의 목소리가 내게 말했다. 우리가 너에게 가르친 것들을 너는 네 애들에게 가르쳐라. 이 땅은 너의 어머니. 이 땅에서 벌어지는 일들은 이 땅의 아들 딸 모두에게 될 거라고. 시애틀 추장이 말했습니다. 내 목소리를 잘 들으라! 내 조상들의 목소리를 잘 들으라! 당신들 백인의 운명이 어찌될지 우리는 모른다. 모든 들소들이 도살되고 나면 그 다음 무슨 일이 벌어질 것인가? 모든 야생말들이 길들여지고 나면 그 다음 무슨 일이 벌어질 것인가? 숲 속에 아무도 몰래 숨어 있던 장소가 수많은 인간의 냄새로 질식해 버리고 나면 과연 무슨 일이 일어날 것인가?

웅웅거리는 철사줄로 언덕을 얽어매놓고 나면? 그러면 울창하던 숲은 어디에 있을 것인가? 사라져버리고 없겠지. 그러면 독수리는 어디에 있을 것인가? 사라져버리고 없겠지. 우리가 저 쏜살같이 달리는 말들과 작별을 하고 사냥을 할 수 없게 되면? 그것은 삶의 끝. 그저 살아남기 위한 투쟁이 시작되겠지.

우리는 알지. 세상만물은 우리를 하나로 엮는 핏줄처럼 서로 연결돼 있다는 것을. 우리들 사람이 이 생명의 그물을 엮은 것이 아니라 우리는 단지 그 그물 속에 들어있는 하나의 그물코일 뿐.

우리가 이 그물을 향해 무슨 일을 하든 그것은 곧바로 우리가 우리 자신에게 하는 일.

어린애가 엄마의 뛰는 가슴을 사랑하듯 우리는 땅을 사랑한다. 이제 우리가 당신들에게 우리 땅을 주니 우리가 보살폈듯 애써 보살펴라. 이제 당신들이 이 땅을 가진다고 하니 지금 이대로 이 땅의 모습을 지켜가라. 당신의 아이들을 위해 땅과 대기와 강물을 보살피고 간직하라. 우리가 사랑했듯 똑같은 마음으로 그것들을 사랑하라.

☞ 수잔 제퍼스 글, 최권행 옮김, 『시애틀 추장』, 한마당.

01

위의 내용은 1850년 경 시애틀 추장이 워싱턴의 미국 정부에게 들려준 연설입니다. 피어스 대통령은 시애틀 추장의 연설에 감동하여, 오늘날 태평양 연안의 북부에 자리잡은 도시의 이름을 추장의 이름을 따서 '시애틀'로 지었다고 하는군요. 시애틀 추장 3대 어록을 선정해 보세요.

어록 1.

어록 2.

어록 3.

02 시애틀 추장은 연설의 마지막 부분에서 자신들이 땅을 잘 보살폈듯이 지금 그대로 땅의 모습을 지켜 보살필 것을 당부했습니다. 시애틀 추장의 당부를 현대인들은 어느 정도 받아들였는지, 잘 받아들인 부분과 그렇지 않은 부분으로 나누어 생각해 보세요.

받아들인 부분	
받아들이지 않은 부분	

 다음 내용은 <경향신문>이 보도한 기사의 일부입니다. 잘 읽고 생각해 보세요.

야생동물 활개 속타는 農心

민간인 출입통제 지역인 경기 연천군 왕징면에서 밭농사를 짓는 유광록 씨(52). 그는 얼마 전 인삼밭을 둘러보다 주저앉고 말았다. 1만 여 평의 인삼밭 이곳저곳이 야생동물에 의해 마구 파헤쳐져 있었기 때문이다. 그늘막도 군데군데 무너져 있었다.

"해마다 되풀이되는 피해입니다. 갈수록 심해지지만 민통선 이북지역이라 총기사용도 못하고 대책이 없습니다."

유씨는 인삼밭을 임시로 복구했으나 언제 또 피해가 발생할지 몰라 불안해했다.

지난해는 콩밭이 완전히 망가졌고 3년 전부터 고구마나 옥수수는 아예 심을 엄두도 못 내고 있다.

유씨뿐 아니라 이곳 농민은 수해나 가뭄보다 밤낮없이 출몰하는 야생동물을 더 두려워하고 있다.

특히 야생동물에게 보릿고개나 다름없는 요즘 민가까지 내려와 심각성을 더하고 있다.

"농작물을 심어놓으면 꿩이 쪼아먹고, 고라니가 밟아놓고, 멧돼지가 파헤치고. 도저히 마음을 놓을 수 없어 이러지도 저러지도 못한 채 애만 태운다"고 하소연했다.

강원 철원군과 경계인 연천군 신서면 주민 이일우 씨(61)도 지난해 떼지어 다니는 멧돼지로 인해 애지중지 키우던 닭과 병아리 100여 마리를 잃는 피해를 봤다.

연천군 등 경기 북부지역 10개 자치단체에서 지난해 야생동물로 인한 농작물 피해액은 모두 11억1천4백만원으로 2003년(8억9천4백만원)보다 30% 증가했다. 동물별로는 까치가 5억3천3백여만원으로 가장 많았고 멧돼지(3억8천9백만원), 고라니(1억4천9백만원) 등의 순이다.

이처럼 휴전선 인근 지역의 야생동물로 인한 농작물 피해가 해마다 급증하지만 해당 자치단체들은 예산 및 전문성 부족과 야생동물 보호 강화 여론 등으로 뚜렷한 대책을 내놓지 못하고 있다.

야생동물에 대한 피해 보상도 최근 들어 경기도와 일부 기초자치단체가 조례제정으로 지원책 마련에 나서고 있으나 비현실적이다.

경기도는 올해 처음으로 6억9천3백만원의 예산을 편성했다. 그러나 지원대상이 민통선 지역 내 농민들로 제한돼 있고 보호망 설치비 중 40%는 자부담이다.

포천시도 지난해 말 '야생조수에 의한 피해보상조례안'을 제정해 올해 첫 시행을 앞두고 있지만 지원액이 가구당 3백만 원, 피해 규모의 70% 이내로 제한돼 있다.

파주시 군내면의 한 농민은 "정부는 야생동물 보호 정책과 병행해 농민이 받는 고통에도 관심을 가져주길 바란다"고 말했다. 포천시 환경보호과 임대호 담당은 "야생동물로 인한 농민들의 피해를 줄이기 위해서는

전문가들이 참여해 적정한 개체수를 유지하는 방향으로 유도하는 것이 바람직하지만 현재는 관련 분야의 행정력이나 전문성이 매우 열악한 상태"라고 지적했다.

☞ 연천/이상호 기자(shlee@kyunghyang.com)

03 위의 글에서 농민들이 고민하고 있는 이유는 무엇인가요?

04 인간과 야생동물의 갈등을 말풍선 안에 표현해 보세요.

05 인구가 증가하고, 도시가 개발되면서 인간과 동물은 서로를 경계해야 하는 지경에 이르렀습니다. 과연 인간 생존과 동물 보호는 공존할 수 있는 것인지, 아니면 결국 한 쪽의 희생이 필요한 것인지 친구들과 토론해 보세요. 또한 각자 의견에 따른 대안도 함께 생각해 봅시다.

공존할 수 있다	희생이 필요하다

공존할 수 있는 방법	희생 정도의 방법

다음은 미야자키 하야오의 애니메이션 영화 <원령공주>의 줄거리 입니다. 자연 및 인간의 대립과 화해, 사랑과 생명을 다룬 <원령공주>는 근대화의 과정에서 숲을 파괴하려는 인간과 이를 지키려는 신과의 피할 수 없는 싸움을 그리고 있습니다. 앞에서 토론한 내용을 좀 더 고민해 볼 수 있는 계기가 되길 바랍니다.

<원령공주>

수백 년 전 야마토 조정과의 싸움에서 패한 후 북쪽 변방에 숨어서 생활하고 있는 에미시 일족. 평화로운 마을 부근의 숲에 어느 날 갑자기 타타리가미(재앙신)가 나타난다. 인간에 대한 증오와 원망이 가득찬 타타리가미는 마을로 돌진하고, 에미시의 차기 족장(族長) 아시타카(Ashitaka)는 마을을 지키기 위해서 어쩔 수 없이 재앙신에게 활을 날린다. 결국 재앙신을 쓰러뜨린 아시타카는 그 대가로 오른팔에 죽음의 각인이 새겨지고 죽음의 저주를 받게 된다.

아시타카는 마을의 무녀 히이사마로부터 서쪽에서 불길한 일이 일어나고 있음을 알고, 죽을 자신의 운명을 받아들이기로 하고는 서쪽으로 떠나기로 결심한다. 마을을 떠나는 아시타카에게 평소 아시타카를 흠모하고 있던 카야는 흑요석(黑曜石)으로 만든 펜던트를 건내준다. 항상 아시타카를 생각하고 있겠다는 말과 함께. 서쪽으로 가던 도중 아시타카는지코보라는 남자를 만나게 된다. 아시타카는 지코보에게 자신이 서쪽으로 가는 이유를 설명하게 되고, 지코보는 서쪽 끝에 있는 시시가미(사슴신)의 숲에 관한 이야기를 해준다.

거대한 짐승(神)들이 살고 있는 시시가미의 숲에 관한 이야기를 들은 아시타카는 시시가미의 숲을 향한다.

한편, 계곡에서 쌀을 운반하던 타타라바(철을 만드는 마을)의 지도자 에보시(Lady Eboshi) 일행 앞에 나타난 모노노케 히메 산(San)과 들개신 모로(Moro)의 공격으로 몇몇 사람들은 계곡 밑으로 떨어지고, 에보시를 향해 돌진하던 모로도 에보시의 총에 맞아 계곡으로 떨어진다. 마침 계곡을 지나던 아시타카는 계곡으로 떨어져 물에 떠밀려온 코우로쿠 일행을 구하고, 멀지 않은 곳에서 모로를 치료하고 있는 산을 보게 된다. 말을 걸어보지만 차가운 반응과 함께 산은 사라져 버리고. 코다마들의 안내를 받아 숲을 빠져나온 아시타카와 코우로쿠 일행은 타타라바에 도착한다. 자신이 인간임을 부정하는 모노노케히메 산. 아시타카와의 운명적인 만남으로 인해 그녀의 마음은 흔들리기 시작하고. 타타라바에 머물게 된 아시타카는 자신에게 죽음의 저주를 내린 타타리
가미(재앙신)가 에보시의 총에 맞은 멧돼지신이었다는 사실을 알게 되고. 숲에서 신들을 몰아내고 보다 살기 좋은 마을을 만들려는 에보시의 계획을 듣게 된다.

결국 인간들 때문에 자신의 운명이 바뀌어진 사실을 알게 된 아시타카는 착찹한 마음으로 마을을 떠나려 하는데 마침 에보시의 목숨을 노리고 산이 타타라바에 나타난다. 산과 에보시의 목숨을 건 싸움은 시작되고 이를 말리려는 아시타카는 둘을 기절시키지만 산을 데리고 나오던 중 총에 맞아 부상을 입는다. 가까스로 타타라바를 빠져나온 아시타카와 산은 약쿠루를 타고 시시가미(사슴신)의 숲으로 향하고, 부상이 심해진 아시타카는 약쿠루에서 떨어진다. 자신의 일을 방해한 아시타카의 목에 칼을 들이대는 산. 산은 의식을 잃은 아시타카를 시시가미(사슴신)가 나타나는 장소에 옮겨 놓는다.이윽고 죽어가는 아시타카의 앞에 시시가미가 나타나고 모든 생물의 생사(生死)를 관장하는 시시가미는 아시타카에게 새로운 생명을 부여해 준다. 얼마 후, 의식이 돌아온 아시타카에게 먹을 것을 가져다 주는 산. 완전히 회복이 안돼 제대로 먹을 수 없는 아시타카에게 입으로 음식을 전해 준다.

아시타카의 눈에선 한줄기 눈물이 흐르고. 산에게 있어서 더 이상적이 아닌 아시타카는 부상당한 몸이 완전히 회복될 때까지 산과 함께 지내게

된다. 인간들과 신들의 최후의 결전이 가까이 왔음을 알게 된 아시타카는 들개신 모로에게 인간과 신들이 공존할 수 있는 방법이 없냐고 묻지만 차가운 반응뿐이고. 뒤늦게 산이 떠나 버린 사실을 안 아시타카. 모로의 자식에게 펜던트를 산에게 전해달라고 부탁하고 숲을 뒤로 한다. 펜던트를 전해 받은 산에게 모로는 아시타카와 함께 떠날 것을 권하지만 산은 신들과 함께 인간들을 향해서 돌진한다. 숲에서 나온 아시타카는 타타라바가 사무라이들에게 공격당하고 있는 것을 보게 되고 에보시에게 지원을 요청해 달라는 토키의 부탁을 받고 발길을 되돌린다. 되돌아간 숲에는 피비린내와 신들의 시체가 즐비하고 신들의 시체 속에서 모로의 자식을 구해 주게 된다. 에보시가 산을 쫓고 있다는 것을 알게 된 아시타카는 모로의 자식과 함께 산을 구하러 달려간다.

죽어가는 옥코토누시를 살리기 위해서 시시가미가 있는 곳으로 향하는 산 일행. 에보시는 뒤를 미행하고, 마침내 시시가미가 나타나는 장소에 도착한다. 분노와 증오로 마음을 안정시키지 못하고 타타리 가미(재앙신)로 변해 가는 옥코토누시. 이를 저지하던 산도 옥코토누시에게 흡수되어 타타리가미가 되어간다. 필사적으로 산을 구하려는 아시타카와 모로. 둘이 힘의 역부족으로 고전을 면치 못하고 있을 때 시시가미가 나타나 옥코토누시의 생명을 거두어들임으로서 산이 타타리가미가 되는 것을 면하지만 이 과정에서 산의 어머니와도 같은 존재, 모로도 숨을 거두고 만다. 달빛을 받아 시시가미의 밤의 모습, 디다라봇치로 변해가는 시시가미에게 총을 겨누는 에보시. 아시타카가 칼을 던져 막으려하지만 이윽고 시시가미의 목은 땅에 떨어지고 지코보 일행은 준비한 통속에 시시가미의 목을 담아 도망간다.

목을 잃은 시시가미의 몸에서는 생명을 빨아들이는 무서운 힘이 퍼져 나오고 죽음의 힘에 닿은 모든 생명이 죽어가기 시작한다. 숲과 모든 생명이 죽어 가는 가운데 부상당한 에보시를 구하려는 아시타카를 산은 원망한다.

다같은 인간임을 강조하며 산에게 도움을 청하는 아시타카. 산과 아시타카는 에보시 일행을 숲에서 탈출시키고 시시가미의 목을 돌려주기 위해 다시 숲으로 향한다. 목을 찾기 위해 지코보 일당을 쫓는 시시가미는 닥치는 대로 모든 생명을 빼앗으며 타타라바와 마을 사람들을 위협하고, 지코보로부터 겨우 시시가미의 목을 되찾은 아시타카와 산은 시시가미에게

목을 되돌려 준다. 목을 돌려받은 시시가미는 쓰러지면서 생명의 힘으로 자신이 파괴한 숲을 부활시키고, 시시가미의 희생으로 숲은 원래의 모습을 되찾는다. 죽음의 저주가 풀린 아시타카는 산에게 인간들과 함께 살 것을 권한다. 끝내 인간들을 용서할 수 없다는 산은 숲을 택하고, 아시타카는 타타라바에서 살며 산을 만나러 갈 것을 약속한다.

☞ 출처 : 네이버

시조

황진이

가.

冬至(동지)ㅅ들 기나긴 밤을 한 허리를 버혀 내여,

春風(춘풍) 니불 아릭 서리서리 너헛다가,

어론님 오신 날 밤이여든 구뷔구뷔 펴리라.

나.

어져 내 일이야 그릴 줄을 모로ᄃ냐.

이시랴 ᄒ더면 가랴마ᄂ 제 구ᄐ여

보내고 그리ᄂ 情(정)은 나도 몰라 ᄒ노라.

☞ 생각나누기

1. 황진이의 대표적인 시조 두 편 입니다. 두 시조의 공통점은 무엇인지 생각을 나누어 보세요.

2. 황진이는 우리말을 탁월하게 사용하여 자신의 심정을 문학에 잘 담아내었습니다. 특히 어느 부분이 그러한지 서로 생각을 말해 보세요.

단원 3
사설 무인카메라의 규제와 자율

교과서 관련 단원 국어1-3 : 「소음공해」

주제 : 사설 무인카메라를 정부가 관리하는 것이 바람직한가

주제선정 배경 : 사회에는 무엇인가를, 그리고 누군가를 관찰하는 수많은 눈이 있다. 그러한 눈들은 때로 관심과 사랑이 되기도 하고 의심과 감시가 되기도 한다. 이웃과 접촉의 기회가 줄고 있는 요즘, 타인을 바라보는 눈에 대한 태도를 생각해 본다.

도입

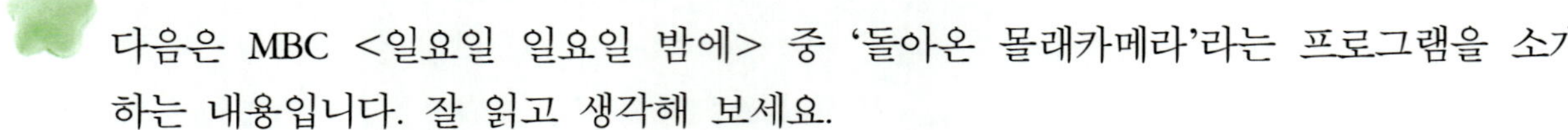

다음은 MBC <일요일 일요일 밤에> 중 '돌아온 몰래카메라'라는 프로그램을 소개하는 내용입니다. 잘 읽고 생각해 보세요.

돌아온 몰래카메라

전 국민이 다시보고 싶은 예능 프로그램 1위! 몰래카메라!

전설속의 몰래카메라가 14년 만에 다시 부활했다!

스타들의 진솔한 모습을 통해 대한민국 국민들에게 시원한 웃음을,

스타들에게는 최고의 추억을 선물하는 시간!

웃을 준비 하세요! 이경규의 <돌아온 몰래카메라>

☞ 출처 : www.imbc.com

연예인 당사자가 모르는 곳에 카메라를 설치해 놓고, 상황을 설정하여 촬영을 하는 방법은 그동안 여러 방송사에서 많이 시도되어 온 촬영 방법입니다. 그것은 그만큼 본인 몰래 촬영하는 방법이 시청자들에게 인기가 있기 때문일 텐데요. 어떠한 점이 인기를 끄는 것인지 생각해 보세요.

①

②

③

④

⑤

 다음 내용은 <고뉴스>가 보도한 기사의 일부입니다. 잘 읽고 생각해 보세요.

서인영, 갈비 팔다가 "앗! 몰래카메라"

쥬얼리의 막내 서인영(21)이 MBC '일요일 일요일 밤에'의 '돌아온 몰래 카메라'에서 멤버들의 감쪽같은 연기에 속아 몰래카메라의 네 번째 주인 공이 되는 비운(?)을 맞았다.

서인영의 몰래카메라는 지난 11일 문래동의 모 홈쇼핑 스튜디오에서 촬영 됐다. MBC와 홈쇼핑 업체가 쥬얼리를 게스트로 초대, 홈쇼핑을 통해 판매한 갈비세트의 수익금 중 절반을 불우이웃 성금으로 기부한다는 내 용.

서인영만 빼고 나머지 멤버들은 모두 몰래카메라임을 이미 알고 있는 상황. 멤버 박정아, 이지현, 조민아의 능청스런 연기에 완벽하게 속은 서 인영. 갈비세트 판매를 위해 서인영은 소금에 절인 갈비를 맛있게 먹는가 하면, 황당 갈비 패션쇼까지 펼치는 등 눈물겨운 노력을 했다고.

…하략…

☞ 백민재 기자(nescafe@gonews.co.kr)

 만약에 내가 위의 상황 속 몰래카메라의 주인공이었다면 어떤 마음이었을 지 생각해 보고, 순간 들었을 감정의 변화를 표정으로 그려보세요.

상황	표정	이유
홈쇼핑에서 물건 팔 때		

상황	표정	이유
소금에 절인 갈비 먹을 때		
몰래카메라인걸 알았을 때		

본수업

다음 내용은 <경향신문>이 보도한 기사의 일부입니다. 잘 읽고 생각해 보세요.

[여적] '제3의 눈'

영국 런던에서 있었던 일이라고 한다. 한 청년이 장난삼아 유명인사 20명을 간추려 뽑아 긴급전문을 보냈다. 그 내용은 '모든 것이 들통났으니 속히 피신하기 바람'이었다고 한다. 다음날 이 유명 인사들이 모두 자취를 감췄다고 했다던가. 어둠과 악함에서 자유롭지 못한 인간의 약점을 한 눈에 보여주는 것 같다.

영국의 소설가 조지 오웰의 '1984년'은 빅브라더가 지배하는 암울한 미래사회를 예견했다. 소설에서 빅브라더는 텔레스크린을 통해 사회 곳곳, 심지어는 화장실까지 끊임없이 감시한다. 가공할 만한 사생활 침해이고 통제이다. 그의 어두운 예견은 불행히도 여러 면에서 점차 현실화되어 왔다.

과학기술의 발전은 인간 생활을 편하고 풍요롭게 하지만 그것을 사용하는 인간에 의해 빚어지는 부작용도 크다. 그 예로 사생활과 개인정보, 인권 침해를 들 수 있다.

지금 CCTV(폐쇄회로TV)는 백화점, 슈퍼마켓, 은행 등 곳곳에서 감시의 눈길을 보내고 있다. 방범 목적에서 운영되는 것이지만 선량한 보통사람들도 도매금으로 잠재적 범죄자나 용의자 대접을 받고 있는 셈이다. 은밀하게 뒤에서 행해지는 도청도 마찬가지다.

　한걸음 더 나아가 '몰카'에 이르면 사정은 더욱 달라진다. 훔쳐보기와 관음증으로 상징되는 '몰카'는 목욕탕, 수영장, 화장실 등 시간과 장소를 가리지 않는다. '몰카'에 찍힌 사람의 사생활과 인격권은 커다란 상처를 받게 마련이다. 이처럼 곳곳에서 보호받아야 할 사생활과 프라이버시가 '제3의 눈' '제3의 귀'에 의해 위협받고 있다.

　서울 강남구가 관내 각 지역에 CCTV 272대를 설치해 본격적인 'CCTV 방범시대'의 막이 올랐다고 한다. '묻지마 범죄'와 '증오범죄' 등 불안과 불신의 시대를 살아가는 우리 사회 자화상의 한 단면임이 분명하다. 하지만 '감시의 눈'이 아니라 이웃들이 서로를 챙겨주는 '관심의 눈'이 범죄예방에 더 필요하다는 한 시민단체의 주장이 가슴에 와 닿는 것 또한 사실이다.

☞ 이연재 논설위원(yun@kyunghyang.com)

01　CCTV를 설치하는 경우 나타나는 긍정적인 면과 부정적인 면을 모두 적어 보세요.

긍정적인 면	부정적인 면
1.	1.
2.	2.
3.	3.
4.	4.
5.	5.

02 만약 우리 동네의 안전을 위해 공동기금을 모아 CCTV를 설치하겠다고 한다면 나는 그 의견에 찬성하겠습니까, 반대하겠습니까? 자신의 생각을 이야기 하고, 그렇게 생각한 까닭도 정리해 보세요.

의견	설치 찬성 (　　　) / 설치 반대 (　　　)
그 이유	

03 나와 반대되는 의견을 가진 친구들이 말하는 '그 이유'는 무엇인지 친구의 말을 듣고 정리해 보세요. 그리고 그 이유에 대한 자신의 생각을 적어 보세요.

친구들이 말한 이유	
그 이유에 대한 내 생각	

04 앞의 글에서 글쓴이가 말하고 있는 '감시의 눈'과 '관심의 눈'은 어떻게 다를까요? 두 눈의 차이점을 나름대로 생각해서 적어 보세요.

'감시의 눈'이란	'관심의 눈'이란

05 다음은 오정희의 「소음공해」 중 일부입니다. 「소음공해」는 현대인들의 이웃에 대한 무관심을 꼬집고 있는 소설입니다.

지금까지 논의한 것을 토대로 아래의 제시문을 참고하여 '현대인과 눈〔目〕'이라는 주제 아래 논술문을 써 보세요.

【유의사항】
① 「소음공해」에서 나타내고자 하는 뜻을 잘 살릴 것.
② CCTV에 관련하여 서로 나눈 토론 내용을 구체화 할 것.
③ 800자 내외로 쓸 것.

> …상략…
>
> 인터폰의 수화기를 들자, 경비원의 응답이 들렸다. 내 목소리를 알아채자마자 길게 말꼬리를 늘이며 지레 짚었다. 귀찮고 성가셔하는 표정이 눈앞에 역력히 떠올랐다.
>
> "위층이 또 시끄럽습니까? 조용히 해 달라고 말씀드릴까요?"
>
> 잠시 후 인터폰이 울렸다.
>
> "충분히 주의하고 있으니 염려 마시랍니다."
>
> 경비원의 전갈이었다. 염려 마시라고? 다분히 도전적인 저의(底意)가 느

껴지는 전언이었다. 게다가 드르륵드르륵 소리는 여전하지 않은가? 이젠 한판 싸워보자는 얘긴가? 나는 인터폰을 들어 다짜고짜 909호를 바꿔 달라고 말했다. 신호음이 서너 차례 울린 후에야 신경질적인 젊은 여자의 응답이 들렸다.

"아래층인데요. 댁이 그런 식으로 말할 건 없잖아요? 나도 참을 만큼 참았다고요. 공동 주택에는 지켜야 할 규칙들이 있잖아요? 난 그 소리 때문에 병이 날 지경이에요."

"여보세요. 난 날아다니는 나비나 파리가 아니에요. 내 집에서 맘대로 움직이지도 못하나요? 해도 너무하시네요. 저더러 어쩌라는 거예요?

"하여튼 아래층 사람 고통도 생각하시고 주의해 주세요."

나는 거칠게 수화기를 내려놓았다.

"뻔뻔스럽긴. 이젠 순 배짱이잖아?"

소리내어 욕설을 퍼부어도 화가 가라앉지 않았다. 그렇다고 언제까지 경비원을 사이에 두고 '하랍신다', '하신다더라' 하며 신경전을 펼 수도 없는 일이었다.

화가 날수록 침착하고 부드럽게 처신해야 한다는 것은 나이가 가르친 지혜였다. 지난 겨울 선물로 받은, 아직 쓰지 않은 실내용 슬리퍼에 생각이 미친 것은 스스로도 신통했다. 선물도 무기가 되는 법. 발소리를 죽이는 푹신한 슬리퍼를 선물함으로써 소리를 죽이라는 메시지와 함께 소리 때문에 고통받는 내 심정을 간접적으로 나타낼 수 있으리라.

사려 깊고 양식있는 이웃으로서 공동생활의 규범에 대해 조곤조곤 타이르리라. 위층으로 올라가 벨을 눌렀다. 안쪽에서 "누구세요?" 묻는 소리가 들리고도 십분 가까이 지나 문이 열렸다. '이웃사촌이라는데 아직 인사도 없이……' 등등 준비했던 인사말과 함께 포장한 슬리퍼를 내밀려던 나는 첫 마디를 뗄 겨를도 없이 우두망찰했다. 좁은 현관을 꽉 채우며 휠체어에 앉은 젊은 여자가 달갑잖은 표정으로 나를 올려다보았다.

"안 그래도 바퀴를 갈아 볼 작정이었어요. 소리가 좀 덜 나는 것으로요. 어쨌든 죄송해요. 도와주는 아줌마가 지금 안 계셔서 차 대접할 형편도 안 되네요."

여자의 텅 빈, 허전한 하반신을 덮은 화사한 빛깔의 담요와 휠체어에서 황급히 시선을 떼며 나는 할 말을 잃은 채 부끄러움으로 얼굴만 붉히며 슬리퍼 든 손을 등 뒤로 감추었다.

다음은 피터 위어 감독, 짐 캐리 주연의 영화 <트루먼 쇼>의 줄거리 입니다. 자신의 일상 생활이 생방송되는 줄도 모른 채 30년을 살아온 주인공을 그리고 있는 이 영화는 사람들에게 삶의 진실을 생각하게 합니다. 잘 읽고 생각해 보세요.

〈트루먼 쇼〉

트루먼 버뱅크(Truman Burbank: 짐 캐리 분)는 평범한 샐러리맨이다. 적어도 그가 아는 한은 그렇다. 그는 메릴(Meryl Burbank/Hannah Gill: 로라 린니 분)이란 여인과 결혼했고 보험회사에서 근무하며 어린 시절 아빠(Kirk Burbank: 브라이언 디레이트 분)가 익사하는 것을 보고 물에 대한 공포증이 있는 남자다. 그런데 어느 날 그는 익사한 것으로 알던 아버지를 길에서 만나고 알 수 없는 사람에 의해 아빠가 끌려가는 것을 보면서 자신의 생활이 뭔가 평범치 못하다는 것을 확신하게 된다. 그는 하루 24시간 생방송 되는 트루먼 쇼의 주인공이다. 전 세계의 시청자들이 그의 탄생부터 30이 가까운 지금까지 일거수 일투족을 TV를 통해 보고 있다. 그는 만인의 스타지만 정작 본인은 짐작도 못하고 있다. 그의 주변 인물은 모두 배우이고 사는 곳 또한 스튜디오이지만 그는 실비아(Lauren Garland/Sylvia: 나타샤 맥엘혼 분)를 만날 때까지 전혀 알지 못한다. 대학 때 이상형의 여인 실비아와 만난 트루먼은 그 여인으로부터 모든 게 트루먼을 위해 만들어진 가짜란 얘기를 듣는데 그 여인이 피지섬으로 간다는 얘길 듣고 늦게나마 그 여인을 찾아 떠나기로 결심한다.

아내와 함께 떠나려는 시도를 하지만 번번이 실패하면서 가족, 친구조차 믿을 수 없다는 것을 깨닫게 되고 혼자서 고향을 빠져나가려는 시도를 한다.

　　마침내 카메라의 눈을 피해 바다로 간 트루먼을 찾은 방송 제작자는 트루먼의 물에 대한 공포증을 이용해서 돌아오게 하려고 시도를 하지만 실패한다. 트루먼은 마침내 진정한 자유를 찾아 바깥세상으로 망설임 없이 나간다.

☞ 출처 : 네이버

　　영화를 보고 나눈 두 친구의 대화를 보고, 여러분의 생각은 어떠한지 이야기해 보세요.

아리 : 트루먼의 마지막 선택은 올바른 선택이었을까?

다솜 : 난 별로였다고 생각해. 트루먼은 30년 동안이나 스튜디오 안에서 살았어. 당장은 진정한 자유를 얻었다고 생각하겠지만, 조금만 지나면 바깥세상의 규율과 돈에 묶여서 오히려 자유를 박탈당한 기분일걸? 차라리 스튜디오 안의 상황을 즐기면서 생활한다면 그 속에서도 충분히 자유로워 질 수 있을 텐데.

아리 : 난 잘 한 선택이었다고 생각하는데. 전 국민이 트루먼의 일거수 일투족을 바라보잖아. 그건 진정한 자유가 아니고, 또 진정한 그의 삶도 아니야. 제작진들은 재미있는 극의 흐름을 위해 흥미로운 사건을 계속 만들고, 새로운 배우들을 등장시킬 테니까. 트루먼은 비록 스튜디오였지만 사회생활을 원만히 잘 해냈잖아. 바깥세상에서도 충분히 적응할 수 있을 거야.

________ : 내 생각은

____
____
____

왜냐하면

____
____
____

종교 신념과 사회 규범

교과서 관련 단원 국어2 : 「어떻게 읽을까?」

주제 : 종교 신념과 사회 규범 중 무엇이 먼저인가?

주제선정 배경 : 글의 성격에 따라 읽는 방법이 달라지듯이 사회 현상도 그 성격에 따라 현상을 읽는 방법을 달리해야 한다. 문제시 되고 있는 사회 현상의 성격을 나름대로 파악하여 그 현상을 어떻게 읽을 것인지 생각해 본다.

도입

 다음은 종교와 관련한 이야기 한 토막입니다. 잘 읽고 생각해 보세요.

나무 불상을 쪼개 군불을 지핀 스님

어느 추운 겨울날 천연 선사가 길을 가다가 해가 저물어 혜림사라는 절에 들어갔다. 날씨가 몹시 추워 땔감을 찾다가 못 찾자, 그는 법당에 모셔 둔 나무 불상을 안고 나와 도끼로 탁탁 쪼개 군불을 지폈다.

활활 타오르는 불에 언 몸을 녹이고 있는데 그 절 스님이 보고 질겁을 하며 달려왔다.

"아니, 이 미친놈아! 부처님을 쪼개서 불을 피우다니 이게 무슨 짓이냐?"

그러나 천연은 천연스럽게 재를 뒤적거리며 말했다.

"사리를 찾는 중이오."

그 절 스님이 붉으락푸르락하며 말했다.

"이 미친놈아, 나무토막에서 무슨 사리가 나온단 말이냐?"

"그렇다면 왜 나를 나무라오?"

천연이 천연스럽게 말했다.

길길이 뛰며 욕을 퍼붓던 스님도 말문이 막혔다.

☞ 출처 : 생활선 모임 엮음,『할』, 한마당, 1992.

천연선사는 추위를 이겨내기 위해 땔감으로 나무 불상을 사용했습니다. 천연선사의 행동에 대해 어떤 생각을 갖고 있는지 이야기해 보세요.

	그럴 수 있다	잘못된 방법이다
그렇게 생각한 이유		

만약 내가 천연 선사인데, 절에 들어서자 주위엔 아무도 없고 추웠습니다. 나라면 나무 불상을 때는 것 말고 어떤 행동을 했을지 생각해 보세요. 그리고 그렇게 생각한 이유도 정리해 보세요.

☆ 나라면…	
그렇게 생각한 이유	

3 내 가족, 내 친구가 한 행동 중에서 내가 이해하지 못한 행동이 있었을 거예요. 어떤 경우였는지 생각해서 써 보세요.

누가	어떤 행동을

4 나는 내 나름대로 충분한 이유가 있어 행동하였는데 다른 사람은 이해하지 못해 답답한 때가 있어요. 어떤 경우인지 써 보세요.

나의 행동		
그렇게 행동한 이유		
이해 못하는 이유		

본수업

다음 내용은 국민인권위원회가 양심적 병역 거부를 인정하기로 내부 방침을 정한 것에 대해 <한겨레신문>과 <국민일보>에서 각각 보도한 사설입니다. 잘 읽고 생각해 보세요.

(가) 대체복무제, 이젠 입법으로 매듭지어야

국가인권위원회가 '양심적 병역 거부'를 인정하고 대체복무제 등 대안 마련을 권고하는 쪽으로 의견을 모았다고 한다. 비록 법적 구속력은 없지만 국가기관이 양심적 병역 거부자의 인권 회복을 공식 권고하는 것은 그 자체로 의미가 크다.

양심과 종교에 따른 병역 거부자의 대체복무에 대한 사회적 합의 수준은 꾸준히 높아져왔다. 대법원은 지난해 아무런 대안 없이 이들을 처벌하는 것은 인권침해 요소가 있다는 소수 의견을 냈고, 헌법재판소도 양심의 자유와 국가 안보라는 두 법익이 공존할 방안의 필요성을 제기했다. 사법부 안에서 대체복무제에 대한 공감이 넓어지고 있다는 방증이라 하겠다. 대체복무제는 이미 31개 나라에서 시행되고 있다.

물론 현역 사병들과의 형평성, 병역기피 수단으로 악용될 가능성 등을 우려하는 지적도 일리가 있다. 병역 문제에 관한 한 국민 정서가 매우 민감하고 엄격한 것도 사실이다. 현재 국회에 계류 중인 병역 거부자 대체복무 입법안은, 대체복무 기간은 일반 사병 복무기간의 1.5배인 3년이며, 내무반 방식의 집단생활을 하도록 돼 있다. 허위 신청할 경우 강한 처벌 조항도 있다. 단지 군대 가기 싫다는 이유로 더 길고 고된 공익근무를 자

청한다는 것은 상식적이지 않다. 병역 거부자 인정 대상과 기준을 엄격히 하면 병역기피 수단 등으로 악용하는 행위도 걸러낼 수 있을 것이다.

종교와 양심에 따른 병역 거부자 문제는 헌법이 명시한 국방의 의무와 양심·종교의 자유가 충돌해서 비롯된 것이다. 그런데 우리 사회는 지난 수십년 동안 이들을 범법자로 낙인 찍어 감옥에 보냄으로써, 법적 모순과 인권침해를 사실상 방치해 왔다. 지금도 1186명의 병역 거부자가 수감돼 있으며, 해마다 평균 600명이 감옥행을 택하고 있다. 정부와 국회는 대체 복무제 입법에 적극적으로 나서야 한다. 이들의 인권 개선은 우리 사회의 성숙함을 보여주는 이정표가 될 것이다.

(나) '양심적 병역 거부 인정' 안 된다

국가인권위원회가 이른바 '양심적 병역 거부'를 인정하는 쪽으로 입장을 정리한 것으로 알려졌다. 인권위는 오는 26일 전원위원회 의결을 거쳐 이를 공식 결정할 것으로 전해졌으나 그것은 옳지 않다. 이미 불허 판단을 내린 헌법재판소와 대법원에 대한 도전일 뿐 아니라 국민개병제라는 국가 방위의 기본 틀을 뿌리부터 흔드는 것이기 때문이다.

물론 원론적 차원에서 사회적 소수의 인권도 존중돼야 한다. 특히 종교와 신념, 그리고 이 경우 정확한 표현은 아니지만 보편적 의미에서 양심의 자유는 최대한 보장돼야 마땅하다. 하지만 소수의 인권, 양심의 자유를 존중한다고 해서 사회공동체의 형평성과 국가방위 체계가 위험한 상황에 빠진다면 용납될 수 없다. 우리는 그동안 특정 종교나 신념을 내세운 병역 거부의 문제점과 부당성을 누차 지적해 왔다. 여전히 남북이 무력 대치하고 있는 안보 상황과 병역기피 풍조 같은 사회적 분위기, 국민간 형평성 확보를 기반으로 한 국민 통합의 필요성 등을 감안해서였다.

그리고 이는 헌재와 대법원에 의해 최종 확인됐다. 즉 헌재는 양심적 병역 거부를 인정하지 않은 병역법이 합헌이라는 결정을 내렸고, 대법원도 양심의 자유가 국방의무에 우선할 수 없다는 원심을 확정했다.

그럼에도 인권위가 양심적 병역 거부 인정 결정을 내린다면 비난을 면할 수 없다. 헌재와 대법원의 결정을 뒤엎는 월권적 행태와 궁극적으로 병역 기피를 조장해 국가 안보를 위태롭게 하고 국민 통합을 저해하는 데 따른 힐난이다.

그렇지 않아도 인권위는 현재 위상과 권위가 상당히 실추된 상태다. 엉뚱하게 인권과 관계없는 정치적 문제에 개입하는 반면 심각한 북한의 인권 상황에는 함구함으로써 해야 할 일은 하지 않고 하지 않아야 할 일은 하는 모습을 보여 왔기 때문이다. 이제 거기에 양심적 병역 거부를 인정해 법적으로 끝난 문제에 또다시 불씨를 지필 경우 존재 의의마저 의심받을지 모른다. 그런 사태를 자초해서야 되겠는가.

01 내가 생각하는 양심이란 무엇인지 15자 내외로 정리해 보세요.
(띄어쓰기 하지 마세요)

02 (가)와 (나)는 똑같은 사건에 대해 각각 다른 주장을 펴고 있습니다. 주장하고 있는 내용은 무엇입니까?

주장(가)	
주장(나)	

03

(가)와 (나)가 펴고 있는 주장들의 근거를 찾아 정리해 보세요.

(가)의 근거	(나)의 근거
① 대체복무제는 이미 31개 나라에서 시행되고 있다.	① 이미 불허 판단을 내린 헌법재판소와 대법원에 대한 도전이다.
②	②
③	③

04

'양심적 병역 거부'를 하는 사람들은 그것이 종교 신념의 입장에서 옳다고 생각하기 때문입니다. 그러나 사회 규범의 입장에서 바라보면 법을 위배한 것이 되기 때문에 문제가 되고 있습니다. 나는 어떠한 생각을 가지고 있는지를 떠나서 양쪽의 입장을 모두 대변해 보세요.

'양심적 병역 거부' 인정해 주세요!	'양심적 병역 거부' 인정할 수 없어요!

05 종교 신념과 사회 규범 중 무엇이 우선되어야 한다고 생각하는지 위에서 논의한 것을 토대로 자신의 생각을 논술해 보세요.

【유의사항】
① 찬성과 반대의 근거를 2가지 이상씩 넣을 것.
② 분량은 600자 내외로 할 것.

보충 · 심화

다음은 <조선닷컴>에서 보도한 기사의 일부입니다. 잘 읽고 생각해 보세요.

"죽어도 수혈은 받을 수 없다. 종교 때문에…"

종교적 이유로 수혈을 거부한 10대 소년의 죽음이 '종교윤리'와 '생명윤리' 간의 논쟁을 낳고 있다고 문화일보가 11일 보도했다. 종교계·법조계·학계에서는, 수혈거부를 '종교적 권리'로 인정해야 한다는 주장과 일종의 '살인 묵인 및 방조 행위'라는 양극단의 주장이 첨예하게 대립해 있다는 것이다.

모종교 신자로 서울 B병원에서 급성림프구성 백혈병 치료를 받던 윤모(17) 군은 교리에 따라 수혈을 거부하다 지난달 17일 숨졌다. 윤군은 캐나다 유학 중이던 2003년 발병해 한차례 위험한 고비를 넘겼으나 지난 2월 다시 병이 재발, 치료를 받아왔다.

이 병원 관계자는 11일 "윤군은 건강한 혈액세포를 체내에서 생성하지 못하는 백혈병을 앓아 왔으며 빈혈로 인한 심부전증이 직접적 사인이다"고 밝혔다. 담당의사는 "윤군과 부모에게 수차례 수혈을 권유했지만 이를 받아들이지 않았다. 일찍 발견된 백혈병은 수혈을 받으면 완치율이 높은데 안타깝다"고 전했다. 윤군과 그의 부모는 '피를 멀리 하라'는 성경 구절을 중시하는 교리에 따라 수혈을 거부한 것으로 알려졌다고 이 신문은 전했다. 김종서 서울대 종교학과 교수는 "미국에서도 미성년자가 생명이 위험한 상황일 때는 종교의 자유를 제한받는다. 생명이 위험한 지경에서 수혈을 거부하는 것은 종교적 자유에 해당될 수 없다"고 못 박았다고 이 신문은 보도했다. 이 종교단체 관계자는 "생명의 소중함은 누구나 다 아는 사실이지만, 생명보다 더 값진 영적 삶이 있다.

윤군은 종교적 신념을 지키기 위해 최선을 다했다"고 설명했다고 문화일보는 보도했다.

의료사고 전문인 오종권 변호사는 "'미성년'이라는 사실은 재산 행위 등 법률적 행위를 제한받는 것이지 의료적 행위에는 해당되지 않는다"고 수혈 거부가 법적으로 문제가 없다는 입장을 밝혔다. 하지만 보편적 생명 가치를 무너뜨리는 반사회적인 행위하는 반론도 거세다고 이 신문은 전했다. 김종서 서울대 종교학과 교수는 "미국에서도 미성년자가 생명이 위험한 상황일 때는 종교의 자유를 제한받는다. 생명이 위험한 지경에서 수혈을 거부하는 것은 종교적 자유에 해당될 수 없다"고 못 박았다고 이 신문은 보도했다.

강지원 어린이 청소년포럼 대표(변호사)는 "자녀의 생명이 위험한데수혈을 거부한 것은 친권남용으로 볼 수 있다. 긴급한 상황에서는 제3자에 의해 친권을 박탈할 수 있는 법개정이 필요하다"고 주장했다. 윤군의 입원·치료를 담당했던 병원 관계자도 "현재와 같은 상황에서 의사 개인이 할 수 있는 일은 미약하다. 이 문제에 대한 폭넓은 사회적 논의가 있어야 한다"고 말했다.

여러 가지 이유로 수혈을 거부하는 환자는 한 해 2,000~3,000명에 달하며 이중 20% 정도가 미성년자인 것으로 의료계는 추산하고 있으며, 전국에 수혈 거부 환자를 위한 무수혈센터가 11곳 있다고 문화일보는 보도했다.

(조선닷컴 internews@chosun.com)

사회에는 존중해주어야 하는 개인의 권리와 사회가 제약할 수 있는 권리가 있습니다. 현재 우리나라는 미국과 달리 수혈의 선택을 개인의 권리에 맡기고 있습니다. 앞으로도 계속 수혈의 여부를 개인이 선택할 수 있게 해야 할까요, 아니면 수혈 거부권을 행사할 수 없도록 입법화해야 할까요? 친구들과 토론해 보세요.

개인의 권리에 맡긴다	법으로 제한해야 한다

이별가

박 목 월

뭐락카노, 저편 강기슭에서
니 뭐락카노, 바람에 불려서

이승 아니믄 저승으로 떠나는 뱃머리에서
나의 목소리는 바람에 날려서

뭐락카노 뭐락카노
썩어서 동아 밧줄은 삭아 내리는데

하직을 말자, 하직 말자
인연은 갈밭을 건너는 바람

뭐락카노 뭐락카노 뭐락카노
니 흰 옷자라기만 펄럭거리고.....

오냐, 오냐, 오냐.
이승 아니믄 저승에서라도.....

이승 아니믄 저승에서라도
인연은 갈밭을 건너는 바람

뭐락카노, 저편 강기슭에서
니 음성은 바람에 불려서

오냐, 오냐, 오냐.
나의 목소리도 바람에 날려서

☞ 생각나누기

1. 이 시에 쓴 사투리는 어떤 느낌과 효과를 주는지 생각을 나누어 보세요.

2. '이승과 저승을 넘나드는 인연'은 어떤 것이 있을지 서로 말해 보세요.

학업과 연예계 진출

교과서 관련 단원 생활국어2-2 :「토론한 내용으로 글쓰기」

주제 : 학생들의 연예계 진출을 자제시켜야 하는가

주제선정 배경 : 소비문화 상품의 주체로 10대가 떠올랐다. 이에 발맞춰 10대 연예인들의 활약이 두드러지고 연예인을 꿈꾸는 10대 역시 늘어나고 있다. 그러나 10대가 아니면 하기 힘든 것은 많고 그 중 특히 학업이 그러한데, 연예인 활동을 하다 보면 아무래도 학업에 소홀해지기 마련이다. 학생들의 연예계 진출에 대해 확장 토론해 본다.

 다음 내용은 <한국i닷컴>에서 보도한 기사의 일부입니다. 잘 읽고 생각해 보세요.

길거리 캐스팅 스타들

김현주, 배두나, 신민아, 이나영, 김효진, 김민희… 이들의 공통점은 무엇일까요? 유명 스타. 물론 그렇지요. 그러나 그들에게는 또 하나의 공통점이 있지요. 길을 가다 우연히 기획사 캐스팅 디렉터 눈에 들어 스타로 키워진 경우지요.

요즘에는 이처럼 길거리에서 연예인 재목감을 고르는 경우가 많아졌습니다. 그런 때문인지 웬만한 기획사에는 길거리 캐스팅 디렉터를 따로 두고 있습니다. 당신도 혹시 제의를 받으신 적 없나요.

…하략…

☞ 배국남 기자(Knbae@hk.co.kr)

어떠한 조건·매력을 가진 사람이 길거리 캐스팅을 많이 받을 것 같나요? 위에서 언급한 김현주, 배두나, 신민아, 이나영, 김효진, 김민희 등을 떠올리며 생각해 보세요.

①

②

③

 길거리 캐스팅을 받은 적이 있나요? 있다면 언제 어떤 내용을 제시 받았는지 써보세요. 없다면 그 이유는 무엇일까 생각해 보세요.

나는 길거리 캐스팅을 받은 적 있다 (   ) / 없다 (   )

① 있다면,

· 언제 :

____

____

____

· 누구에 :

____

____

____

· 어떤 내용 :

____

____

____

· 어떻게 했나 :

____

____

____

② 없다면,

내가 왜 길거리 캐스팅을 받지 못했나?

혹시 나도 길거리 캐스팅을 받고 싶은가요? 해당 의견에 ○표 하고, 그에 대한 생각이나 이유를 정리해 보세요.

받고 싶다( )	관심 없다( )

만약 내가 길거리 캐스팅이 된다면 어떻게 하겠습니까? 해당 항목에 ○표 하고 그렇게 생각한 이유를 정리해 보세요.

1	당장 응한다	
2	사기꾼은 아닌지 철저히 조사한다	
3	부모님과 상의한다	
4	거절한다	
5	기타 :	
그렇게 생각한 이유		

 만약 내가 길거리 캐스팅이 된다면 마냥 좋아하거나 당황하고만 있을 수는 없겠죠. 길거리 캐스팅에 응하겠다면 어떠한 계약 조건을 제시할 것인지, 응하지 않겠다면 뭐라고 말하며 거부할 것인지 생각해서 모두 정리해 보세요.

내가 제시할 계약 조건

내가 거부하면서 할 말

본수업

학생들의 연예계 진출을 자제시켜야 하는가

다음 내용은 <경향신문>이 보도한 기사의 일부입니다. 잘 읽고 생각해 보세요.

인기 뒤의 홍역 앓기 '두 얼굴 미디어'

MBC 일요시트콤 '두근두근 체인지'에 출연 중인 박슬기

평범한 강원도 여고생 2명이 몇 달 전부터 탤런트와 CF모델로 TV에 노출되면서 유명세에 따른 행복감과 미디어 노출 후유증이 교차하는 나날을 보내고 있다. 주인공은 방송사 모창대회로 연예계에 진출한 원주북원여고 3년 박슬기와 KT의 CF에 나온 강릉여고 1년 이슬기양. 이들은 '자고나니 갑자기 유명해졌다'는 말처럼 미디어의 위력에 놀라고 있으며 어느새 형성된 스타덤 때문에 청소년으로서 감당하기 힘든 '정신적 몸살'까지 앓고 있다. 무명의 여고생들이 몇 달 새 스타로 뜨기까지 겪은 '미디어의 다양한 얼굴'을 들어본다.

▶ TV 화면에 나오기까지

박슬기가 자발적 도전으로 TV에 노출됐다면 이슬기는 광고대행사의 발굴로 대중 앞에 얼굴을 드러낸 경우다. 박슬기는 초등학생 때부터 유난히 노래를 잘 불렀다.

그러나 외모가 걸려 혼자 고민하다 가수 대신 연기자로 꿈을 넓게 잡았다. 중 2때는 서울의 기획사가 주최한 가수 오디션에 참가했으나 번번이 낙방했다. 이후 가장 좋아하던 가수 박정현의 노래 연습에 열중했고 고교 때는 연극을 하며 끼를 다졌다. 지난해 말 마침내 기회가 왔다. 설날 특집 'MBC 팔도모창대회'에 나가 박정현의 '편지할 게요'를 불러 대상을 받았다. 재능을 인정받은 그는 그 후 기획사와 연결돼 지난 3월 연기자로 데뷔했다. 7월부터는 MBC 일요시트콤 '두근두근 체인지'에서 투박한 안경이 상징인 '시루떡 시스터즈'의 일원으로 출연중이다. 최근에는 '브레인 서바이벌'과 '타임머신'의 게스트로도 나오면서 신문·잡지 등 언론의 조명을 받고 있다.

이슬기는 어린 시절부터 키(176㎝)가 크고 이목구비가 뚜렷해 늘 주목을 받았다. 가끔 서울에 가면 거리에서 붙잡고 '캐스팅'을 제의하는 사람들이 많았다. 중학생 때는 우연히 SM엔터테인먼트가 주최한 모델선발대회에 나가 최우수상을 받았다. 한때 예술고로 진학할까 고민했지만 일단 공부에 매진한 후 나중에 진로를 정하자는 부모 의견을 받아들여 강릉에 머물렀다. 그

KT의 CF '네트워크로 하나되는 나라' 편에 나오는 이슬기

러나 결국 동해안 학교를 샅샅이 뒤지며 참신한 학생 모델을 찾던 광고대행사의 눈에 띄어 KT의 CF '네트워크로 하나 되는 나라'에 나오게 됐다. CF는 지역 차별이 없는 교육 기회를 제공한다는 메시지였는데 이슬기는 서울의 남고생과 대비되는 지방학교 여고생 역을 맡았다.

▶ 유명해지니 힘이 느껴졌다

박슬기는 모창대회 이후 '원주명물'이 됐다. 동네 사람들도 모두 팬으로 변했다.

시트콤 출연 후 무덤덤한 담임선생님도 '모니터 요원'으로 변했다. 반응은 시청자 게시판과 자신의 싸이월드 홈페이지에서 먼저 나타났다. 요즘은 방문자가 하루 700여 명으로 늘고 인터뷰 요청도 제법 들어온다.

방송사에서 '비' 같은 대스타들을 만나는 특권도 누린다. 답 글을 올리고 취재에 응하면서 희열을 느끼고 인기의 힘도 확인한다. 이제 카메라 앞에만 서면 정말 끼 많은 연기자로 변신한다. "나도 멋진 연기자로 크고 박정현의 콘서트 무대에도 서고 싶다"는 꿈이 익어간다.

CF 방영 이후 이슬기에게도 적지 않은 팬이 생겼다. 신기하고 설레기만 했다. 강릉 시내에 나가면 디카폰을 눌러대는 학생들이 많고 "쟤가 바로 걔야" 하며 수군대는 소리도 많이 들린다. 서울의 한 남학생은 팬 사이트를 개설했다. 사귀자는 전화도 걸러온다. 최근에는 강원지역 청소년잡지 표지 모델로 나왔다. '나도 변정수 같은 모델이 될 수 있을까.' 슬기의 꿈은 어느새 모델로 굳어졌고 대학 진학 목표도 같은 분야로 잡혔다.

▶ 약만큼 병도 주는 미디어

시트콤 시청자 게시판은 박슬기를 여러번 울렸다. '박슬기 얼굴땜에 채널 돌린다' '옷을 그렇게도 못 입냐' 등의 의견 때문이다. "심리적 가학을 통해 만족을 얻으려는 안티팬의 심리일까." "아니야. 내탓이야. 나는 왜 '옷발'이 안 받고 얼굴이 이럴까." "TV는 예쁘고 잘 빠진 사람만 반기는 곳일까." 현실을 무시할 수 없다는 결론 끝에 성형수술을 결심했다. 그러나 "얼굴에 칼 대면 절대 쓰지 않겠다"는 PD의 말에 곧 마음을 돌렸다. 녹화에 늦은 날에는 선배로부터 "한 번 더 그러면 방송 생활 못 할줄 알아"란 질책을 듣고 등골이 오싹했다. 냉혹함을 겪는 녹화 현장마다 독백의 연속. "이렇게 하다가 확 뜰까, 아니면 끝나 버릴까." 목·금·토요일 촬영을 마치고 일요일 오후 원주집으로 향하는 '초짜 연예인'의 머릿속이 꽤 복잡하다.

이슬기가 나온 CF가 지난 3월부터 방영되자 강릉에서는 바로 '상징조작' 시비가 일었다.

강릉과 강릉여고를 전국에 홍보한 것까지는 좋았으나 도농을 무리하게 대조하려다보니 도시의 강릉여고를 산골학교로, 강릉을 사실과 다르게 자전거를 많이 타는 지역으로 묘사했기 때문이다. 결국 지역민들의 항의로 '산골학교'가 빠지고 CF가 수정됐다.

한차례의 홍역을 치른 후 이슬기에게 닥친 것은 서울 기획사들의 '전속 계약 공세'였다. 매일 계약하자며 전화하고 문자를 보내는 바람에 마음이 붕떴다.

지금은 그 압박감이 참기 어려울 정도다. 반면 학교는 대학 진학까지는 공부에 충실하라며 반대하고 있다. 부모는 딸의 뜻대로 서울에 가서 아예 CF모델 수업을 받게 하고도 싶지만 "10년간 계약하자"는 말에 겁부터 났다. 성공을 담보할 수 없는 연예계의 현실과 부푼 꿈 사이에서의 방황. 그러나 순박한 강원 소녀의 마음은 점차 연예계로 한걸음씩 옮아가고 있다.

▶ 전문가 의견(김현주 광운대 미디어영상학부 교수)

미디어는 마술인 동시에 마약이다. 박슬기는 이제서야 연예계와 인기의 명암을 차근차근 체험하고 있다. 이슬기는 이미 스타덤에 몰입돼 설사 연예계 진출을 포기한다 해도 나중에 후회할 공산이 큰 상황에 놓여 있다.

☞ 김정섭 기자(lake@kyunghyang.com)

01 박슬기 양과 이슬기 양은 이름뿐 아니라 여러 가지 점에서 비슷한 점과 차이점을 가지고 있습니다. 찾아서 정리해 보세요.

02 사람은 누구나 자신의 상황에 따라 다양한 고민을 안고 있습니다. 박슬기 양과 이슬기 양도 예외는 아닐 것입니다. 현재 박슬기 양과 이슬기 양의 고민은 무엇일지 생각해 보세요.

박슬기의 고민	이슬기의 고민

03 모든 일에는 다 장·단점이 있기 마련이지요. 연예인의 좋은 점과 나쁜 점에는 무엇이 있을까요? 생각해서 정리해 보세요.

좋은 점	나쁜 점

04 학생 신분으로 연예계에 진출할 경우 큰 고민 중의 하나는 학업 문제일 것입니다. 만약 여러분이 연예인이라면 학업 문제를 어떻게 해결하겠습니까?

05 친구들의 의견을 들어보고, 내가 생각한 학업 문제 해결 방안 외에 마음에 드는 문제 해결 방안을 적어 보세요.

마음에 드는 해결 방안

06 여러분은 학생들의 연예계 진출에 대해 어떤 생각을 가지고 있습니까? 배움에도 다 때가 있다는 옛 어른들의 말씀처럼 학업을 중심으로 학생으로서의 본분에 충실하고 연예계 진출을 자제해야 하는지, 아니면 시대가 변한 만큼 자신이 가진 능력과 끼를 연예계에서 충분히 발휘해야 한다고 생각하는지 친구들과 토론해 보세요.

진출을 자제해야 한다	진출하여 충분히 발휘해야 한다

07 앞의 글은 간략한 전문가의 의견으로 마무리 짓고 있습니다. 그런데 요즘은 시청자들의 의식이 향상되어 전문가 못지않은 안목을 가지고 있지요. 여러분이 전문가가 되어 (   )안에 자신의 이름을 써 넣고, 기사의 마무리 부분을 보충해 주세요.

▶ 전문가 의견(   )

　미디어는 마술인 동시에 마약이다. 박슬기는

다음은 이주노 자서전 『나는 영원한 춤꾼이고 싶다』를 소개하는 글입니다. 잘 읽고 생각해 보세요.

나는 영원한 춤꾼이고 싶다

이 책은 문화 대통령이라 불릴 정도로 유명했던 '서태지와 아이들'의 멤버였던 춤꾼 이주노가 전하는 그의 삶에 대한 진솔한 이야기들을 담고 있다. 이유 없는 반항과 방황을 거듭했던 소년이 15살에 춤에 대한 열망에 눈을 뜨고 줄곧 춤에 미쳐 살았던 이야기, 본의 아니게 시작한 사업이 지옥의 나락으로 떨어져 힘들었던 지난 시절 이야기를 솔직하게 모두 담았다.

'서태지와 아이들' 시절 모든 것을 얻었을 땐 잃어버렸던, 그러나 모든 것을 잃어버린 지금 다시 찾게 된 그의 '꿈'과 먹고 나면 춤을 추고, 자고 나면 춤을 추기를 10년, 한국 최고의 춤꾼이 만들어지기까지의 '그의 춤 인생'에 관한 이야기이다. 그는 이 책을 통해 '내가 무엇을 좋아하는지, 무엇을 하고 싶어 하는지 깨닫기까지 참 먼 길을 돌아왔다'고 고백하고 있다. 그리고 자신의 이야기를 통해 많은 사람들이 자신을 진정 행복하게 하는 것이 무엇인지 깨닫게 되길 바란다고 한다.

'서태지와 아이들' 시절, 화려한 명성과 부를 순식간에 얻었지만 사업 실패로 60억 원을 잃고, 모든 것을 잃었다. 그러나 꿈이 있어, 춤이 있어 행복하다는 그의 이야기에 귀기울여보자. '서태지와 아이들'의 춤꾼 이주노가 전하는 '꿈'과 '희망', '행복'과 '용기'를 주는 자전 에세이.

☞ 출처 : 예스24

누군가 나에게 취미와 특기를 물어본다면 뭐라고 대답하겠습니까? 책의 글쓴이는 '내가 무엇을 좋아하는지, 무엇을 하고 싶어 하는지 깨닫기까지 참 먼 길을 돌아왔다'고 합니다. 그러나 이것은 비단 글쓴이만의 이야기가 아닙니다. 실제 많은 학생들이 자신이 무엇을 좋아하고 잘 하는지 알지 못하고 있거든요. 지금 자신의 마음에게 솔직하게 물어보세요, 내가 무엇을 좋아하고, 무엇을 하고 싶어 하는지. 그리고 그 대답을 부담없이 적어 보세요. 시작은 거창한 것이 아니랍니다.

필독! 자신의 마음에게 솔직하게 물어보는 방법

▶ 전혀 부담 갖지 말고 마음껏 생각한다.

▶ 결코 모범적이거나 대단한 답을 원하지 않는다.

   예 : 내가 좋아하는 것 — TV보기

   　　내가 잘 할 수 있는 것 — 휴일에 시체놀이 하기

▶ 사소한 것들이 나를 자유롭게 하리라.

   예 : 내가 좋아하는 것 — 학교 앞 떡볶이

   　　내가 잘 할 수 있는 것 — 수업시간에 선생님께 안 들키고 졸기

내가 좋아하는 것
①
②
③
④
⑤

내가 잘 할 수 있는 것
①
②
③
④
⑤

위에 쓴 것 중 내가 진로를 결정할 때 꼭 염두해 두어야 한다고 생각하는 것을 세 가지씩 정하세요. 그리고 그렇게 정한 까닭을 정리해 보세요.

좋아하는 세 가지	그렇게 정한 까닭
1	
2	
3	

잘 할 수 있는 세 가지	그렇게 정한 까닭
1	
2	
3	

훈민가(訓民歌)

정 철

[1]

아바님 날 나흐시고 어마님 날 기르시니

두분 곳 아니면 이 몸이 사라시랴

하늘갓튼 가업슨 은덕을 어데 다혀 갑사오리.

[3]

형아 아애야 네 살할 만져 보아

뉘손듸 타 나관데 양재조차 가타산다

한졋 먹고 길러나 이셔 닷 마음을 먹디 마라.

[4]

어버이 사라신 제 셤길 일란 다하여라.

디나간 후면 애닯다 엇디하리

평생(平生)애 곳텨 못할 일이 잇뿐인가 하노라.

[10]

남으로 삼긴 듕의 벗갓티 유신(有信)하야.

내의 왼 일을 다 닐오려 하노매라.

이 몸이 벗님 곳 아니면 사람되미 쉬울가.

☞ 생각나누기

1. '아버님과 어머님이 없으면 나도 없다'는 말에 대해서 서로 생각을 나눠 보세요.

2. 형제간의 우애와 친구간의 우정 중 무엇이 더 중요한지 서로 이야기해 보세요.

문화의 보편성과 상대성

교과서 관련 단원 국어3-2 : 「슬견설」

주제 : 고급문화, 저급문화란 있는가

주제선정 배경 : 여러 나라나 집단의 문화는 환경 및 관습에 따라 보편적이면서 다양한 성격을 갖는다. 따라서 사람들은 대개 각 나라나 집단의 문화에 대해 존재이유를 인정하고 존중한다. 그러나 간혹 어떤 문화는 그것을 문화로 이해하지 못해 충돌이 일어나기도 한다.

문화로 인정해야 할 것이 있고 그렇지 않은 것이 있는가. 문화의 보편성과 상대성의 입장에서 생각해 본다.

 다음은 개와 고양이를 주인공으로 한 상황극 입니다. 잘 읽고 생각해 보세요.

주인 : 똘똘아, 오늘부터 너와 함께 생활하게 될 고양이 예뻐야. 앞으로
  사이좋게 지내렴.
똘똘이 : 멍멍! (네, 주인님.)

똘똘이, 고양이를 향해 반갑다고 꼬리를 흔든다.

예뻐 : 야옹! (저 개가 꼬리를 흔드는 걸 보니 나에게 무언가 불만이
  있군. 그럴 땐 가까이 다가서지 않는 게 상책이지.)

예뻐, 똘똘이의 시선을 외면한다.

똘똘이 : (어라? 쟤가 지금 내 호의를 무시하고 있네?)

화가 난 똘똘이, 꼬리를 수직으로 곧게 세운다.

예뻐 : (어머, 나한테 불만 있다고 할 땐 언제고 바로 꼬리를 세우면서
  반갑다고 인사하잖아? 후훗. 그래 나도 반가워.)

예뻐도 인사에 답하기 위해 꼬리를 수직으로 곧게 세운다.

똘똘이 : (방귀 뀐 놈이 성낸다더니, 화를 내야 할 건 나인데 자기도
  꼬리를 세우면서 화를 내네? 참 나 원. 그래, 한 달이라도 더
  오래 산 내가 참고 봐줘야지.)

똘똘이, 함께 놀자는 의미로 앞발을 들어 올린다.

예뻐 : (저 개 진짜 이상한 놈일세. 기껏 반갑다고 인사해 줬더니 앞발
  을 올리면서 내 인사를 거절하잖아? 흥, 저런 애는 아예 상종을
  말아야지. 치!)

지금 개와 고양이는 서로를 오해하고 있는 것 같군요. 무엇 때문에 서로에게 오해가 생겼습니까?

개의 오해	고양이의 오해

개와 고양이가 화해할 수 있는 방법을 생각해 보세요.

①

②

③

④

개와 고양이는 서로 다른 언어 문화를 이해하지 못해 충돌하게 되었습니다. 문화는 세계 뿐 아니라 한 나라 안에도 집단의 성격에 따라 다양하게 존재하고 있습니다. 내가 도저히 이해할 수 없는 집단이나 나라의 문화가 있습니까? 또한 내가 본받고 싶은 문화에는 무엇이 있습니까? 생각해서 정리해 보세요.

나는 그들의 이런 문화 이해할 수 없다!!

나는 그들의 이런 문화가 마음에 든다!!

본수업

다음은 2학년 1학기 국어교과서 3단원에 수록된 이규보의 「슬견설」입니다. 잘 읽고 생각해 보세요.

슬견설

이 규 보

어떤 사람이 내게 말을 했다.

"어제 저녁, 어떤 사람이 몽둥이로 돌아다니는 개를 때려죽이는 것을 보았네. 그 모습이 불쌍해 마음이 너무 아팠네. 그래서 이제부터는 개나 돼지고기를 먹지 않을 생각이네."

그 말을 듣고 내가 말했다.

"어제 저녁, 어떤 사람이 화로 옆에서 이를 잡아 태워 죽이는 것을 보고 마음이 무척 아팠네. 그래서 다시는 이를 잡지 않겠다고 맹세를 하였네."

그러자 그 사람은 화를 내며 말했다.

"이는 하찮은 존재가 아닌가? 내가 큰 동물이 죽는 것을 보고 불쌍한 생각이 들어 말한 것인데, 그대는 어찌 그런 사소한 것이 죽는 것과 비교하는가? 그대는 지금 나를 놀리는 것인가?"

나는 좀 구체적으로 설명할 필요를 느꼈다.

"무릇 살아 있는 것은 사람으로부터 소, 말, 돼지, 양, 곤충, 개미에 이르기까지 모두 사는 것을 원하고 죽는 것을 싫어한다네. 어찌 큰 것만 죽음을 싫어하고 작은 것은 싫어하지 않겠는가? 그렇다면 개와 이의 죽음은 같은 것이겠지.

　　그래서 이를 들어 말한 것이지, 어찌 그대를 놀리려는 뜻이 있었겠는가? 내 말을 믿지 못하거든, 그대의 열 손가락을 깨물어 보게나. 엄지손가락만 아프고 나머지 손가락은 안 아프겠는가? 우리 몸에 있는 것은 크고 작은 마디를 막론하고 그 아픔은 모두 같은 것일세. 더구나 개나 이나 각기 생명을 받아 태어났는데, 어찌 하나는 죽음을 싫어하고 하나는 좋아하겠는가? 그대는 눈을 감고 조용히 생각해 보게. 그리하여 달팽이의 뿔을 소의 뿔과 같이 보고, 메추리를 큰 붕새와 동일하게 보도록 노력하게나. 그런 뒤에야 내가 그대와 더불어 도(道)를 말할 수 있을 걸세."

01

어떠한 사물이나 본질을 바라보는 관점을 이야기할 때 「슬견설」은 많은 생각할 거리를 남깁니다. 본격적인 토론에 앞서 앞의 글이 이야기하고 있는 것이 무엇인지 생각해 봅시다.

① 어떤 사람이 나에게 화를 낸 이유는 무엇입니까?

② 어떤 사람은 왜 개를 불쌍하다고 여겼을까요?

③ 글 속의 나는 왜 이를 불쌍하다고 여겼을까요?

④ 글 속의 내가 말하고자 하는 참뜻은 무엇일까요?

02 글 속의 나는 이와 개를 빗대어 사물의 본질에 관한 이야기를 하고 있습니다. 글 속의 내가 펼친 논리를 지지하는 의견과 반대하는 의견을 모두 써 보세요.

지지 의견	
반대 의견	

03 위의 2번 질문에 대해 친구들은 어떻게 생각하였는지 의견을 들어보고, 내가 미처 생각하지 못했던 의견을 적어 보세요.

①

②

③

04 모든 사물의 가치는 다 똑같은 것인지, 아니면 각자 가치의 척도가 다른 것인지 자신의 주장을 펼치고 근거를 들어 보세요.

주장	

근거

05 위에서 생각한 논의는 끊임없이 논란이 되고 있는 한국의 개고기문화와 관련하여 생각할 수 있습니다. 각 나라의 문화에 가치의 척도가 있는 것인지, 따라서 그에 따른 고급문화와 저급문화가 존재하는 것인지 지금까지의 논의를 토대로 자신의 의견을 논술하세요.

【유의사항】
① 분량은 800자 내외로 할 것.
② 한국의 개고기문화에 대한 자신의 의견을 포함할 것.
③ 제목을 따로 정할 것.

 다음 내용은 <한겨레신문>이 보도한 기사의 일부입니다. 잘 읽고 생각해 보세요.

밴쿠버, "시크교도 안전모 의무착용 면제를"

1999년 머리에 터번을 두르고 다니는 시크교도들의 오토바이 헬멧 착용 면제 소송에서 승소했던 아브타르 싱 딜론이 또다시 터번 지키기에 나섰다.

밴쿠버항 부두노동자인 딜론 등 시크교도들은 이번에는 안전모 착용을 의무화한 지난해 4월 작업장 안전규정 강화조처를 문제삼아 인권위원회에 이의를 제기하고 나선 것이다.

10년째 부두노동을 해온 딜론은 "안전모 착용 의무화 조처 때문에 그동안 일해오던 밴쿠버항의 벌크터미널에서 일자리를 잃었다"면서

"부두뿐 아니라 건설·어업·벌목 작업장 등 거의 모든 노동현장에서 시크교 일용노동자들이 밀려나고 있다"고 주장했다. 시크교에서는 영혼의 상징인 머리카락을 자르지 않고 터번으로 덮고 다니는 것을 생활철칙으로 삼고 있다.

이에 대해 고용주협회는 "작업장의 안전성을 높이기 위한 조처"라며 "안전모 의무착용으로 영향받는 일자리는 적다"고 주장했다.

그러나 부두노동조합은 안전모 착용은 개인의 선택에 맡길 문제지 필수사항은 아니라며 시크교도 편을 들고 있다. 작업장에서 크레인이 들어올리는 무게가 수십 톤에 달하기 때문에, 안전모가 사고피해를 줄이지는 못한다는 것이다. 오히려 사고를 예방하려면 근본적인 안전대책이 필요하다고 주장한다.

브리티시 컬럼비아주는 99년 인권위 결정에 따라 시크교들에게는 오토바이 운전 시 헬멧 착용을 면제해주는 법률을 만들었다. 캐나다의 3,200여만 명 인구 중 시크교도는 채 1%도 안 된다. 브리티시 컬럼비아주 경계를 넘어 효력이 미치게 될 작업장 안전모 착용문제가 과연 어떤 결론이 날지 주목된다.

☞ 밴쿠버, 양우영 통신원(junecorea@paran.com)

각 나라 문화의 다양성을 인정하고 이해하는 견해를 문화 상대주의라고 합니다. 문화의 상대주의는 어느 선까지 인정해야 할까요? 친구들과 이야기해 보세요.

인간관계와 재물

교과서 관련 단원 국어4-2 : 「기억 속의 들꽃」

주제 : 인간관계를 유지하는데 재물(돈)은 꼭 필요한가

주제선정 배경 : 인간은 인간 사회를 떠나 혼자서 살 수 없다. 끊임없이 타인과의 관계하에 존재해야 하는 것이다. 그렇다면 이러한 인간관계는 무엇으로 연결할 수 있는 것인가. 인간관계 유지를 위한 조건은 무엇이며 그 중 재물은 얼만큼의 위치를 차지하는가. 인간과 재물의 관계를 생각해 본다.

 다음은 옛 고사와 관련된 내용입니다. 잘 읽고 생각해 보세요.

兄弟投金(형제투금)

兄 : 형 형 / 弟 : 아우 제 / 投 : 던지다 투 / 金 : 금 금

- 형제간의 우애

☞ 출전 :『신증동국여지승람』

高麗 恭愍王時 有民兄弟偕行 弟得黃金二錠 以其一 與兄 至孔巖津 同舟而濟 弟
忽投金於水 兄怪而問之 答曰 吾平日 愛兄篤 今而分金 忽生忌兄之心 此乃不祥之物
不若投諸江而忘之 兄曰 汝之言 誠是矣 亦投金於水

고려 공민왕 때의 일이다. 일반 백성 중에 한 형제가 길을 가던 중, 동생이 금덩이 2개를 길에서 주웠다.

동생은 그 중 하나를 형에게 주고, 자신도 하나를 가지고는 계속해서 길을 가 공암진(지금의 서울 양천)에 닿았다. 함께 배를 타고 강을 건너던 중 동생이 갑자기 자신이 가지고 있던 금을 강에 던져 버렸다. 형이 동생의 행동을 이상하게 생각하여 그 이유를 묻자, 동생이 하는 말이

"저는 원래 형을 매우 사랑했습니다. 그런데, 이 금을 보자 형을 시기하는 마음이 생기는 겁니다. 그러니 이 금은 분명히 좋지 못한 물건입니다. 그래서 금을 강물에 던져 제 나쁜 마음이 더 이상 생기지 않게 하려고 금을 강물에 버렸습니다."

사실 형도 동생과 같은 마음이 있었다. 그런데다 동생의 이런 말까지 들으니 형은 부끄럽기가 한이 없었다. 형은 동생의 말이 옳다고 생각하고는 자신도 금을 강물에 던져버렸다.

1 두 형제가 금을 강에 버린 이유는 무엇입니까?

동생이 금을 강에 버린 이유	형이 금을 강에 버린 이유

2 금을 강에 버리는 방법 말고 다른 방법은 없었을까요? 다른 방법에 대해 생각해 보세요.

방법 ①

방법 ②

방법 ③

방법 ④

만약에 나라면 어떻게 행동했을까요? 자신이 했을 행동을 적어보고 왜 그렇게 행동했을 것인지 이야기해 보세요.

만약에
나라면…

그 이유는…

본수업

다음은 윤흥길의 「기억 속의 들꽃」 중 일부입니다. 잘 읽고 생각해 보세요.

윤흥길의 「기억 속의 들꽃」 - 작품 줄거리

어느 날 한 떼거리의 피란민들이 머물다 떠난 자리에 혼자 남겨진 아이 하나가 발견된다. 이 아이는 난리통에 부모를 잃고 혼자 남겨진 소녀 명선이다. 나의 부모님은 명선이가 가지고 있는 금반지를 본 후 함께 살 수 있도록 해 준다. 동네 아이들은 서울말을 쓰는 낯선 아이에게 텃세를 부리고, 처음에는 명선이를 눈엣가시처럼 여기던 부모님은 명선이가 어딘가에 금반지를 더 숨겨 두고 있을 거라는 단서를 잡는 순간 명선이를 감싸고 돈다. 한편 명선이는 폭격으로 허리가 끊어져 철근이 무성한 만경강 다리에 가기를 좋아한다. 그 곳에서 명선이는 먼지 속에 뿌리를 내린 작은 꽃 한 송이를 발견한다. 꽃 이름을 묻는 명선이에게 나는 '쥐숭바라꽃'이라고 아무렇게나 둘러댄다. 어느 날 역시 부서진 다리에서 위험천만한 곡예 장난을 하던 명선이는 순간 들리는 비행기의 폭음에 놀라 강으로 떨어져 죽고 만다. 그 후 나는 무서워서 한 번도 성공한 적이 없었던 다리 곡예 장난을 시도한다. 드디어 다리 끝에 도착한 나는 헝겊 주머니를 발견하고 그 안에 들어있는 몇 개의 금반지를 발견한다. 깜짝 놀란 나는 그만 그것들을 강물에 떨어뜨리고 만다.

…상략…

"아줌마!"

이때 녀석이 또 예의 그 계집애처럼 간드러진 소리로 어머니를 불러 세웠다.

"따른 집에나 가 보라니께!"

"아줌마한테 요걸 보여주려구요."

녀석은 엄지와 인지를 붙여 동그라미를 만들어 보였다. 그 동그라미 위에 다른 또 하나의 작은 동그라미가 노란 빛깔을 띠면서 날름 올라앉아 있었다. 뒤란 그늘 속에서도 그것은 충분히 반짝이고 있었다. 그걸 보더니 어머니의 눈에 환하게 불이 켜졌다.

"아아니, 너 그거 금가락지 아니냐!"

말이 채 끝나기도 전에 금반지는 어느새 어머니의 손에 건너가 있었다. 솔개가 병아리를 채듯이 서울 아이의 손에서 금반지를 낚아채어 어머니는 한참을 칩떠보고 내립떠보는가 하면, 헛바닥으로 침을 묻혀 무명 저고리 앞섶에 싹싹 문질러 보다가, 나중에는 이빨로 깨물어 보기까지 했다. 마침내 어머니의 얼굴에 만족스런 미소가 떠올랐다.

"아가, 너 요런 것 어디서 났냐?"

옷고름의 실밥을 뜯어 그 속에 얼른 금반지를 넣고 웅숭깊은 저 밑바닥까지 확실히 닿도록 두어 번 흔들고 나서 어머니는 서울 아이한테 물었다. 놀랍게도 어머니의 목소리는 서울 아이의 그것보다 훨씬 더 간드러지게 들렸다.

"땅바닥에서 주웠어요. 숙부네가 떠난 담에 그 자리에 가 봤더니 글쎄 요게 떨어져 있잖아요."

녀석이 이젠 아주 의기양양한 태도로 당당하게 대답했다. 그 말을 어머니는 별로 귀담아 듣는 기색이 아니었다. 어머니는 연신 벙글벙글 웃어 가며 녀석의 잔등을 요란스레 토닥거리고 쓰다듬어 주는 것이었다.

"아가, 요담 번에 또 요런 것 생기거들랑 다른 누구 말고 꼬옥 이 아줌마한테 가져와야 된다. 알었냐?"

"네 그렇게 하겠어요."

"어서어서 방안으로 들어가자. 에린 것이 천리 타관서 부모 잃고 식구 놓치고 얼매나 배고프고 속이 짜겄냐?"

이런 곡절 끝에 명선이는 우리 집에서 살게 되었다.

…중략…

오래지 않아 명선이를 머슴으로 부리려던 속셈을 어머니는 깨끗이 포기했다. 괜히 말썽이나 부리고 펀둥펀둥 놀면서 삼시 세 끼 밥이나 축내는 그 뒤퉁거리를 어떻게 하면 내쫓을 수 있을까 하고 궁리하는 게 어머니의 일과였다. 아버지 앞에서 어머니는 그 동안 먹여 주고 재워 준 값과 금반지 한 개의 값어치를 면밀히 따지기 시작했다.

"천지신명을 두고 허는 말이지만 갸한티 죄로 가지 않을 만침 헌다고 혔구만요."

"허기사 난리 때 금가락지 한 돈쭝은 똥가락지여. 금 먹고 금똥 싼다면 혹 몰라도……. 쌀톨이 금쪽보담 귀헌 세상인디……."

"그러니 저 작것을 어쩌지요?"

"밥을 굶겨 봐. 지가 배고프고 허기지면 더 있으래도 지 발로 나가겄지."

"갸가 나가겄소? 물빤드기마냥 빤들거림시로 무신 수를 써서라도 절대 안 굶을 아요."

어머니의 판단이 전적으로 옳았다. 끼니때만 되면 눈알을 딱 부릅뜨고 부엌 사정을 낱낱이 감시하다가 염치 불구하고 밥상머리를 안 떠나는 명선이를 두고 우리는 차마 밥덩이를 목구멍으로 넘길 수가 없었다.

갈수록 밥 얻어먹는 설움이 심해지자, 하루는 또 명선이가 금반지 하나를 슬그머니 내밀어 왔다. 먼젓번 것보다 약간 굵어 보였다. 찬찬히 살피고 나더니 어머니는 한 돈 하고도 반짜리라고 조심스럽게 감정을 내렸다.

"길에서 주웠다니까요."

어머니의 다그침에 명선이는 천연덕스럽게 대꾸했다.

…하략…

01 인간관계를 유지하는데 돈이 필요했던 때를 떠올려 보고 언제였는지 간단하게 말해 보세요.

①

②

③

02 위의 1번과 같은 일을 겪고 난 후의 느낌과 지금의 생각에 대해 말해 보세요.

그때 느낌	① ② ③
지금 생각	① ② ③

03 위의 글에 나오는 '명선이의 금반지(재물)'는 '명선이'가 '나'의 식구들과 함께 사는 데 큰 영향을 끼치는 물건으로 묘사되고 있습니다. 인간관계를 유지하는데 재물(돈)은 꼭 필요할까요? 재물이 필요한 이유와 필요하지 않은 이유를 모두 생각해 보세요.

인간 관계를 유지 하는데 재물이 필요한 이유	
인간 관계를 유지 하는데 재물이 필요하지 않은 이유	

04 인간관계를 유지하는데 필요한 조건에는 무엇이 있을까요? 곰곰이 생각한 후 그 중 중요하다고 생각하는 세 가지를 적어 보세요. 또 그렇게 생각한 까닭도 이야기 해 보세요.

필요한 조건	그렇게 생각한 까닭
·	·
·	·
·	·

05 '인간은 사회적 동물이다'라는 말이 있습니다. 인간은 홀로 살 수 없고 여럿이 어울려서 살아간다는 뜻이지요. 인간관계 및 사회생활을 원만하게 조건들 중에 재물(돈)은 얼마만큼 차지할까요? 지금까지의 논의를 토대로 인간관계를 유지하는데 재물(돈)은 꼭 필요한지 자신의 생각을 논술하세요.

【유의사항】
① 분량은 600자 내외로 할 것.
② 인간관계를 유지하는데 필요한 조건을 두 가지 이상 언급할 것.

 다음의 내용은 <서울신문> 1면에서 보도한 기사입니다. 잘 읽고 생각해 보세요.

빛나간 풍요

초등생 수백만원대 생일파티
호텔 초대해 마술쇼·코스요리

주말인 18일 오후 서울 강남의 모 호텔 대형 연회장. L초등학교 1학년생인 김다운(가명·7)양의 생일파티에 초대된 꼬마 손님 30여명은 마술사 아저씨의 게임에 푹 빠져 웃음꽃을 피우고 있다. 안심스테이크가 메인인 '어린이용 세트메뉴'로 식사를 마친 다운이는 진주 장식이 달린 분홍색 드레스로 갈아입고 친구들과 기념사진을 찍었다. 어머니 이모(37·회사원) 씨는 "이 정도로 하지 않으면 다른 아이들 생일파티에 초대받지 못한다."며 "돈 때문에 기죽일 수는 없다."고 말했다.

서울의 일부 초등학생 사이에 번지고 있는 초호화판 호텔 생일파티의 한 장면이다. 최근 일부 부유층 자녀의 생일파티 장소로 인기를 끄는 곳은 각종 게임과 이벤트가 가능한 호텔 대형 연회장이다. S파티

서울 모 초등학교 김다운양의 생일파티 내역

■ 식사 6만5000원(어린이 세트메뉴)×30명	195만원
■ 대형연회장 대여	30만원
■ 바비인형장식 케이크	10만원
■ 게임, 마술, 꽃장식 등	90만원
■ 드레스 대여	50만원
합계	375만원

※ 비고: 모 특급호텔 90명 정원 대형연회장서 행사

대행업체 파티플래너 김모(38·여) 씨는 "호텔 연회장은 생일에다 성탄절·연말파티까지 겹쳐 내년 1월까지 주말 전후 예약이 끝났다."면서 "웬만한 생일파티는 300만~400만원 정도 들지만, 900여만원을 쓰는 단골도 있다."고 귀띔했다.

주로 집이나 근처 음식점이었던 초등학생들의 생일파티 장소가 패스트푸드점이나 패밀리 레스토랑, 카페 등으로 옮겨가더니 이제는 서민들은 엄두조차 못내는 고급호텔로 바뀌고 있다. 강남권에서 주로 많았던 호화 생일파티가 강북지역에서도 생겨나고 있는 점도 최근의 추세다.

강북의 사립 E초등학교 3학년 이모(9)군은 지난주 서울 시내 한 호텔에서 열린 같은 반 친구의 생일파티에 초대 받았지만 가지 못했다. 이군의 어머니는 "녀녁지 않은 살림에 도저히 따라갈 수 없을 것 같아 거절했는데 내 아이만 따돌림 당하면 어떡하나."고 속상해했다.

고려대 교육학과 권대봉(52) 교수는 "어린 자녀를 둔 학부모들은 왜곡된 자녀교육이 다른 아이까지 망쳐놓을 수 있다는 점에 유념해야 한다."고 충고했다.

유지혜기자 wisepen@seoul.co.kr

 내가 만약 위 학교의 학생이라면 생일 파티 문화에 동참하겠습니까?

	동참하겠다	동참하지 않겠다
이유		

 내가 직접 '파티플래너'가 되어서 친구의 생일 파티를 계획해 보세요.

초대원	(구체적으로)	초대방법	(초대장·전화 등)
초대내용	(초대장 내용 등)		

세 부 계 획			
시간	장소	음식 및 예상비용	프로그램 및 예상비용
〈예시〉 13시~15시	노래방	캔음료 10개 ₩10,000	노래방비 ₩20,000

총 소요시간	기타 내용 및 예상 비용	총 예상비용

이옥설(理屋說)

이 규 보

행랑채가 퇴락하여 지탱할 수 없게끔 된 것이 세 칸이었다. 나는 마지 못 하여 이를 모두 수리하였다. 그런데 그 중의 두 칸은 앞서 장마에 비가 샌 지가 오래 되었으나, 나는 그것을 알면서도 이럴까 저럴까 망설이다가 손을 대지 못했던 것이고, 나머지 한 칸은 비를 한 번 맞고 샜던 것이라 서둘러 기와를 갈았던 것이다. 이번에 수리하려고 본즉 비가 샌 지 오래 된 것은 그 서까래, 추녀, 기둥, 들보가 모두 썩어서 못쓰게 되었던 까닭으로 수리비가 엄청나게 들었고, 한 번밖에 비를 맞지 않았던 한 칸의 재목들은 완전하여 다시 쓸 수 있었던 까닭으로 그 비용이 많지 않았다.

나는 이에 느낀 것이 있었다. 사람의 몸에 있어서도 마찬가지라는 사실을. 잘못을 알고서도 바로 고치지 않으면 곧 그 자신이 나쁘게 되는 것이 마치 나무가 썩어서 못 쓰게 되는 것과 같으며, 잘못을 알고 고치기를 꺼리지 않으면 해(害)를 받지 않고 다시 착한 사람이 될 수 있으니, 저 집의 재목처럼 말끔하게 다시 쓸 수 있는 것이다.

뿐만 아니라 나라의 정치도 이와 같다. 백성을 좀먹는 무리들을 내버려두었다가는 백성들이 도탄에 빠지고 나라가 위태롭게 된다. 그런 연후에 급히 바로잡으려 하면 이미 썩어버린 재목처럼 때는 늦은 것이다. 어찌 삼가지 않겠는가.

☞ 출처 : 「동국이상국집(東國李相國集)」

☞ 생각나누기

1. 이 글의 작가가 하고자 하는 말이 무엇일지 서로 말해 보세요.

2. '우리가 고쳐야 할 것'에는 무엇이 있는지 생각을 나누어 보세요.

단원 8

사랑과 관습

교과서 관련 단원 국어6-2 : 「사랑손님과 어머니」

주제 : 결혼의 조건, 사랑인가 관습인가

주제선정 배경 : 결혼은 남녀가 정식으로 부부됨을 일컫는다. 과연 결혼은 두 당사자의 사랑만으로 가능한 것인가, 사랑 외의 다른 조건이란 것이 필요한 것인가. 사랑과 관습 중에 어느 것을 택하여 사는 것이 현명한 삶의 선택일지 생각해 본다.

다음은 만화 「광수 생각」입니다. 3컷 만화인 다음의 만화는 장면마다 모두 등장인물들이 땀을 흘리고 있습니다. 그 땀의 의미는 무엇일지 생각해 보세요.

1컷 남자의 땀

2컷 여자의 땀

다음은 네이버 지식인 '스파이더맨과 슈퍼맨은 결혼을 못한다???'라는 어느 누리꾼의 질문과 그에 대한 답변들입니다. 잘 읽고 생각해 보세요.

질문 : ID-oji1215

오늘 학원 샘이 수업하다 나온 얘긴데요

베트맨은 결혼할 수 있지만

슈퍼맨과 스파이더맨은 결혼할 수가 없기 때문에

미국사회에선 베트맨이 아직도 가장 인기가 좋다고 해야 하나요? 암튼 그렇데요

인간과 다를 게 없기 때문에…

근데 왜 슈퍼맨과 스파이더맨이 결혼을 할 수 없는 걸까요?????

답변1 : ID-msh5002

베트맨은 특수 의상을 입고 활동하는 거지요 즉 베트맨은 정상적인 성인 남자지요 그의 힘은 옷이나 자동차 물론 머리도좋고하지만요 이런 게 겸비되어서 베트맨이 되지만 스파이더맨의 유전자가 거미의 유전자와 합쳐진. 즉 정상적인 남자는 아니죠 그의 유전자 안에는 거미의 유전자도 있죠 만약 결혼 한다면 아이를 가질수 있을까요? 혹 거미의 형상을 한 사람이 나올 수도 있겠네여

슈퍼맨은 외계인이잖아요. 우리랑은 근본적으로 전혀 틀리죠. 그는 인간이 아니고 외계인입니다.

답변2 : ID-korealove486

확실한 답변입니다.

베트맨은 아시다시피 자동차도 있고 저택도 있고 집사도 있는 갑부입니다. 근데 스파이더맨과 슈퍼맨은 맨몸으로 싸우는 거지 입니다.

누가 거지한데 결혼을 하겠습니까?

돈 많은 남자한데 시집 갈려고 하지. 안 그런가요.?ㅋ

출처 : 네이버 지식인

'답변1'과 '답변2'에 대한 나의 생각은 어떠한가요? 정리해 보세요.

'답변1'에 대한 나의 생각

'답변2'에 대한 나의 생각

만약 내가 앞의 세 인물 중 한 명과 결혼해야 한다면 누구와 하는 것이 좋겠는지 순위를 매겨 보세요. 그리고 그렇게 생각한 이유를 정리해 보세요.

1위	2위	3위
이유		

본수업

다음은 주요섭의 「사랑손님과 어머니」 중 일부입니다. 잘 읽고 생각해 보세요.

주요섭의 「사랑손님과 어머니」 - 작품 줄거리

홀로 된 어머니와 6살 된 내가 단둘이 살고 있는 우리 집에 생전에 아버지 친구였다는 아저씨가 하숙을 온다.

사랑에 기거하게 된 아저씨와 금세 친해진 나는 아저씨가 아버지가 되었으면 좋겠다는 생각도 한다. 그래서 어느 날 그 생각을 아저씨에 꺼냈더니 아저씨는 까닭 없이 얼굴을 붉히셨고, 어머니에게 유치원에서 뽑아온 꽃을 드리며 아저씨가 갖다 주라고 하였다고 하자 어머니의 얼굴도 빨개졌다.

어느 날 밤, 어머니는 아버지의 옷을 장롱에서 꺼내보고 계셨고, 옥희너 하나만 있으면 된다며 나를 꼬옥 안기도 하셨다. 결국 어머니가 나를 통해 아저씨에게 종이가 든 손수건을 전한 며칠 후 아저씨는 영영 집을 떠나 버렸다. 어머니는 내 손을 잡고 뒷동산에 올라가 아저씨가 탔을 기차를 바라보았다. 그리고 그 후 어머니는 책갈피에 끼워 있던 마른 꽃을 버리고 매일 사던 달걀도 사지 않게 되었다.

…상략…

"옥희야, 너 아빠가 보고 싶니?"

하고 물으십니다.

"응, 우리도 아빠 하나 있으면."

나는 혀를 까불고 어리광을 좀 부려 가면서 대답을 했습니다. 한참 동안을 어머니는 아무 말씀도 아니 하시고 천장만 바라보시더니,

"옥희야, 옥희 아버지는 옥희가 세상에 나오기도 전에 돌아가셨단다. 옥희도 아빠가 없는 건 아니지. 그저 일찍 돌아가셨지. 옥희가 이제 아버지를 새로 또 가지면 세상이 욕을 한단다. 옥희는 아직 철이 없어서 모르지만 세상이 욕을 한단다. 사람들이 욕을 해. '옥희 어머니는 화냥년이다.' 이러고 세상이 욕을 해. '옥희 아버지는 죽었는데 옥희는 아버지가 또 하나 생겼대. 참 망측도 하지.' 이러고 세상이 욕을 한단다. 그리되면 옥희는 언제나 손가락질 받고. 옥희는 커도 시집도 훌륭한 데 못 가고, 옥희가 공부를 해서 훌륭하게 돼도, '에, 그까짓 화냥년의 딸.'이라고 남들이 욕을 한단다."

이렇게 어머니는 혼잣말하시듯 드문드문 말씀하셨습니다. 그러고는 한참 있더니,

"옥희야."

하고 또 부르십니다.

"응?"

"옥희는 언제나 내 곁을 안 떠나지. 옥희는 언제나 언제나 엄마하구 같이 살지. 옥희는 엄마가 늙어서 꼬부랑 할미가 되어도 그래도 옥희는 엄마하고 같이 살지. 옥희가 유치원 졸업하고, 또 소학교 졸업하고, 또 중학교 졸업하고, 또 대학교 졸업하고, 옥희가 조선서 제일 훌륭한 사람이 돼도, 그래도 옥희는 엄마하고 같이 살지. 응! 옥희는 엄마를 얼만큼 사랑하나?"

"이만큼."

하고 나는 두 팔을 쫙 벌리어 보였습니다.

"응? 얼만큼? 응! 그만큼! 언제나 언제나, 옥희는 엄마만 사랑하지. 그리고 공부도 잘 하고. 그리고 훌륭한 사람이 되고……."

나는 어머니의 목소리가 떨리는 것으로 보아 어머니가 또 울까 봐 겁이 나서,

“엄마, 이만큼, 이만큼.”

하면서 두 팔을 쫙쫙 벌리었습니다.

“응, 그래. 옥희 엄마는 옥희 하나면 그뿐이야. 세상 다른 건 다 소용 없어. 우리 옥희 하나면 그만이야. 그렇지, 옥희야.”

“응!”

어머니는 나를 당기어서 꼭 껴안고 가슴이 막혀 들어올 때까지 자꾸만 껴안아 주었습니다.

…중략…

여러 밤을 자고 난 어떤 날 오후에 나는 오래간만에 아저씨 방엘 나가 보았더니 아저씨가 짐을 싸느라고 분주하겠지요. 내가 아저씨에게 손수건 을 갖다 드린 다음부터는, 웬일인지 아저씨가 나를 보아도 언제나 퍽 슬 픈 사람, 무슨 근심이 있는 사람처럼 아무 말도 없이 나를 물끄러미 바라 다만 보고 있는 고로, 나도 그리 자주 놀러 나오지 않았던 것입니다. 그랬 었는데 이렇게 갑자기 짐을 꾸리는 것을 보고 나는 놀랐습니다.

“아저씨, 어디 가?”

“응, 멀리루 간다.”

“언제?”

“오늘.”

“기차 타고?”

“갔다가 언제 또 와?”

아저씨는 아무 대답도 없이 서랍에서 예쁜 인형을 하나 꺼내서 내게 주었습니다.

“옥희 이것 가져, 응. 옥희는 아저씨 가고 나면 아저씨 이내 잊어버리 고 말겠지!”

나는 갑자기 슬퍼졌습니다. 그래서

“아니.” / 하고 얼른 대답하고 인형을 안고 안으로 들어왔습니다.

…하략…

01 옥희 어머니는 지금 심한 갈등을 겪고 있습니다. 옥희 어머니가 옥희에게 하는 말을 토대로 옥희 어머니의 갈등이 무엇인지 유추하여 적어 보세요.

옥희 어머니의 갈등

02 본문에는 생략되어 있지만 옥희 어머니가 극심한 갈등을 하게 된 것은 아저씨가 옥희 어머니에게 보낸 봉투 속의 종이를 받은 이후였습니다. 그리고 아저씨는 옥희 어머니가 아저씨에게 보낸 손수건 속의 종이를 받은 이후 기차를 타고 떠나게 되지요. 과연 두 종이에는 어떤 내용이 담겨있었을지 예상되는 내용을 써 보세요.

아저씨→옥희 어머니(봉투 속의 종이)

옥희 어머니→아저씨(손수건 속의 종이)

03

대부분의 사람들은 연애할 상대보다 결혼할 상대를 더욱 신중하게 고릅니다. 그만큼 결혼이란 것은 자신의 인생을 결정하는 중요한 선택의 순간이기 때문이지요. 여러분의 생각하는 '결혼의 조건 3'을 선정해 보세요.

순위	결혼조건	이유
1		
2		
3		

04

이 작품의 결말은 결국 옥희 어머니가 자신의 감정을 정리하고 아저씨가 떠나는 것으로 결론을 맺고 있습니다. 옥희 어머니는 결국 사회적 인습과 옥희의 장래 때문에 자신의 사랑을 포기한 것이지요. 여러분은 옥희 어머니의 결정에 대해 어떤 생각을 가지고 있습니까? 자신의 생각을 정리하여 정확한 근거를 제시하고 친구들과 토론해 보세요.

의견	결정에 찬성한다	결정에 반대한다
근거		

05 앞에서 토론한 것을 바탕으로 옥희 어머니에게 편지를 써 보세요.

옥희 어머니!

다음은 통계청에서 발표한 2004년 우리나라 이혼사유와 이혼건수 입니다. 잘 읽고 생각해 보세요.

이혼율	29%
이혼건수	139,365건
이혼사유별 구분	1. 성격차이 68,806건
	2. 경제문제 20,483건
	3. 가족간 불화 13,987건
	4. 배우자부정 9,697건
	5. 배우자의 정신적 · 육체적 학대 5,852건
	6. 건강문제 888건
	7. 기타 및 미상 19,652건

‘이혼’이란 사전 용어로 ‘생존 중인 부부가 서로의 합의나 재판상의 청구에 따라 부부 관계를 끊는 일’을 말합니다. 내가 내리는 이혼의 정의는 무엇인지 10자 내외로 정리해 보세요.(띄어쓰기 하지 마세요)

① 자 식 들 의 눈 에 눈 물 나 게 하 는 것

②

③

④

⑤

이혼 사유 ⑦번을 보면 기타 및 미상이 19,652건입니다. 어떤 이유들이 또 있을지 상상해 보세요.

①

②

③

앞의 자료를 보면 성격차이로 이혼한 부부가 가장 많았습니다. 나도 나중에 성인이 되면 배우자를 만나 결혼을 하겠지요. 내 배우자는 어떤 사람이었으면 좋겠는지 생각하며 다음을 채워 보세요.

① 내 배우자, 이런 점을 갖추고 있으면 좋겠다.

② 내 배우자, 이런 사람은 싫다!

③ 내 배우자의 단점, 이 정도는 눈 감아 줄 수 있다!

예전에는 이혼을 할 때, 자녀를 서로 키우겠다고 다투었답니다. 그러나 요사이에는 자녀를 서로 안 키우겠다고 다툽니다. 자녀를 서로 맡지 않겠다고 다투는 부부에게 한마디 해보세요.

나도 한마디

경쟁의 긍정과 부정

교과서 관련 단원 도덕2-4 : 「시민윤리의 적용과 실천」

주제 : 경쟁이 발전을 가져오는가 인간을 황폐하게 하는가

주제선정 배경 : 사람은 평생 크고 작은 경쟁 속에서 살아간다. 경쟁이 만드는 긴장감은 서로를 발전시키기도 하지만, 인간관계에 황폐함을 가져오기도 한다. 학교라는 공간 역시 예외는 아니어서 옆자리에 앉아 있는 사람이 친구이기도 하지만 동시에 경쟁자이기도 하다. 한 학교의 학생으로서 지켜야 하는 것이 학업 성적인가, 그 외의 것인가, 경쟁의 긍정과 부정을 살펴 현명한 대안을 생각해 본다.

다음의 상황을 잘 읽고 생각해 보세요.

춘향 : 얘들아, 뭐 하냐? 왜 그렇게 몰려 있어?

갑돌 : 야, 이것 봐 봐. 결국 일이 터졌다.

갑돌이가 가리키는 복도 벽 중앙에 전교 석차가 붙어 있고, 그 밑에는 다음과 같이 써 있다.

> ○○ 중학교 2학년 전교 석차 공개!
> 　내가 자고 있는 동안 당신의 친구는 열심히 공부하고 있습니다. 마음을 다잡고, 열심히 공부하길 바랍니다.
> 　경고! 떼어가지 마시오. 적발 시 엄벌!
>
> － 학생 주임 －

춘향 : 으헉! 뭐야, 뭐야. 난 이번 시험 완전 망쳤는데.

갑돌 : 으하하하. 나도 성적 떨어졌는데 그래도 괜찮아. 이도령이 이번에 나보다 더 떨어졌거든. 으히히히.

몇 주 후 기말고사 기간

갑순 : 춘향아, 나 저번에 조퇴해서 국사 필기를 못했거든. 노트 좀 빌려주라.

춘향 : 어? 국사 노트? 글쎄……. 나도 정리 잘 안 됐어. 다른 애꺼 빌려.

갑순 : ……. (당황한 표정을 짓고는 돌아선다)

춘향 : (혼잣말로) 이번 시험은 갑순이보다 잘 볼 거야. 중간고사 때 나보다 겨우 1~2점 차이로 앞섰단 말이야.

1 글 속의 춘향이는 갑순이에게 노트를 빌려 주지 않았습니다. 내가 춘향이었다면 어떻게 했을까요?

갑순 : 춘향아, 나 저번에 조퇴해서 국사 필기를 못했거든. 노트 좀 빌려주라.

춘향 :

갑순 :

춘향 :

갑순 :

2 학생 주임 선생님은 이른 아침, 복도 벽 중앙에 학생들의 전교 석차를 붙이면서 어떤 생각을 하셨을까요?

3 전교 석차 공개 여부 문제에서 내 성적이 좋았을 때와 내 성적이 나빴을 때에 따라 달라 질 수 있을까요? 솔직하게 대답해 보세요.

· 내 성적이 좋았을 때 : 석차 공개 가능 / 석차 공개 불가능
· 내 성적이 나빴을 때 : 석차 공개 가능 / 석차 공개 불가능

4 전교 석차를 공개할 시 좋은 점과 나쁜 점을 정리해 보세요.

좋은 점	나쁜 점
1.	1.
2.	2.
3.	3.
4.	4.
5.	5.

본수업

다음 내용은 <경향신문>과 <중앙일보>가 각각 보도한 기사의 일부입니다. 잘 읽고 생각해 보세요.

(가) 초등학교 시험부활 학부모 49% "찬성"

"학력평가를 하는 것은 좋은 일이나, 성적 경쟁으로 아이들이 스트레스에 시달릴 것 같아 걱정이다."

서울시 관내 초등학교에서 새 학기부터 시행하는 학력평가시험에 대해 교육전문기업 천재교육이 초등학생 자녀를 둔 학부모 2,433명을 대상으로 설문조사를 한 결과, 이같이 나타났다.

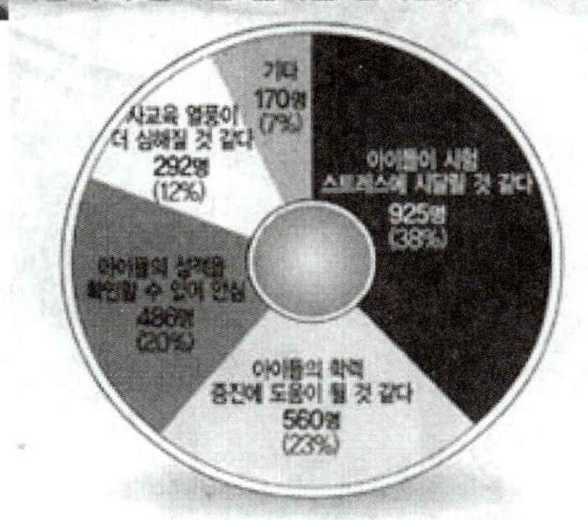

'시험 부활에 대해 어떻게 생각하는가'라는 질문에 '찬성한다'는 의견(49%, 1,192명)이 '반대한다'는 의견(37%, 900명)을 앞섰다. '모르겠다'는 응답도 14%(340명)에 달했다.

'시험이 부활되면 어떠한 변화가 있을까'라는 질문에는 '성적 경쟁으로 아이들이 시험 스트레스에 시달릴 것 같다'는 응답이 38%(925명)로 가장 많았다. 이어 '아이들의 학력 증진에 도움이 될 것 같다' 23%(560명), '내 아이의 성적을 확인할 수 있어 안심이 된다' 20%(486명)로 시험 부활에 학력 증진의 긍정적 효과를 기대하고 있는 것으로 분석됐다.

반면 '과외나 학원 등 사교육 열풍이 더 심해질 것 같다'는 의견은 12%(292명)에 그쳤다.

☞ 최상희 기자(nie114@kyunghyang.com)

(나) "노트 왜 빌려 주니" 짝꿍도 입시 경쟁자

서울 소재 외고 1학년생 전학 현황

명덕 5명
(2~3명이 내신 때문에 전학 추측)

서울 7명
(이과 희망이 많고, 2명 정도는 내신 때문)

이화여자 3명
(1명 이과 희망, 2명은 내신 때문 추측)

한영 3명
(모두 근거리 학교로 전학 추정)

대일 1명
(이과 희망)

※( )는 각 학교 교무부장들이 밝힌 전학 사유

20일 첫 중간고사를 치른 서울 대원외고 1학년 이모 군은 "옆자리의 친구가 시험을 잘 보면 내 성적이 떨어진다고 생각하니 친한 친구들도 경쟁자로 여길 수밖에 없다"며 "내신 때문에 서로 노트도 안 빌려 주는 등 학교 분위기가 삭막해졌다"고 말했다. 학부모 김모 씨는 "일반고였더라면 전 과목에서 최상위 등급을 받을 수 있는 아이들인데 외고에선 한두 문제만 틀려도 등급이 하위권으로 추락해 명문대 진학에 결정적 타격을 받을 수 있다"고 말했다. 김씨는 "중간고사 결과가 좋지 않으면 일반고로 전학시킬 수밖에 없다"고 했다.

올해 고교 1학년부터 적용되는 내신 위주의 새 대입제도가 정착되기도 전에 일선 고교 교육현장이 혼란에 휩싸였다.

일선 교사들은 "이번 중간고사 이후 내신성적을 잘 받기 위해 특목고에서 일반고로, 강남지역 고교에서 강북지역 고교로, 일반고에서 실업고로 옮기는 연쇄 이동이 가시화될 것"이라고 우려했다.

이에 따라 서울과 경기도 지역의 외고, 지방의 전주 상산고 등 자립형 사립고와 자율학교는 공동으로 대처할 움직임을 보이고 있다.

내신경쟁으로 인한 부작용은 우수한 학생들이 몰려 있는 특목고와 자립형 사립고 등에서 두드러진다. 서울 C외고 학부모 최모 씨는 "전교 1등을 해도 5개 영역 전 과목 1등급을 받을 수 없는 현실에서 '내신 불이익 때문에 서울대는 어차피 못 간다'며 '정신적인 패닉(공황) 현상'이 나타났고, 심지어는 가출하는 학생도 있다"고 말했다. 일반고에도 여파가 만만치 않다. 서울 S여고에는 지난달 3명의 학생이 전학 왔다. 이들은 A과학고와 B외고 등에 올해 입학했던 1학년 학생으로 내신 경쟁이 상대적으로 덜 심한 이 학교로 전학 간 것이다. 그러나 이들 중 일부는 기존의 재학생들로부터 '친구'가 아닌 '경쟁자'로 몰려 따돌림을 당해 눈물을 흘리기까지 했다. 기존 재학생들이 전학 온 학생들이 내신 1등급을 차지해 자신들의 내신을 끌어내린다고 생각했던 것이다.

서울 Y고 1학년 김모(16) 군은 중학교 3학년 때 전교 1등을 할 정도로 성적이 우수한 학생이다. 그러나 최근 중간고사를 앞두고 책상 위에 두었던 책과 노트가 사라졌다가 필기한 중간 부분이 찢겨 없어진 채 복도에서 발견되는 일을 겪었다. 서울 강남의 한 학교에서는 학생 사물함을 부수고 노트를 훔쳐가는 사고가 발생하기도 했다. 학교 측은 "중요한 물건은 집에 보관하라"고 당부했다. 학교교육을 정상화하기 위해 도입한 내신 위주의 대입제도가 오히려 학교의 정상적인 교육기능을 훼손하는 쪽으로 굴러가고 있는 셈이다. 전문가들은 중간고사 이후 특목고 학생들을 중심으로 심리적 공황상태가 확산되면서 학부모까지 가세한 집단 반발 사태가 빚어질 것을 우려하고 있다.

서울대 백순근 교수는 "수험생 당사자들을 대상으로 표준화된 국가수준의 학력평가를 실시한 뒤 그 결과를 활용해 입시에서 학교 간 수준차를 반영하도록 해야 배타적인 내신 경쟁을 교육적인 경쟁으로 바꿀 수 있다"고 지적했다.

☞ 김남중 · 한애란 · 이충형 기자(njkim@joongang.co.kr)

01 나도 이런 경험이 있습니까? 있다면 어떤 것이었는지 말해 보세요.

02 (가) 글의 경우 초등학생 자녀를 둔 학부모들이 자녀들의 스트레스를 걱정함에도 불구하고 시험 부활을 찬성하는 이유는 무엇일까요?

03 내가 만약 초등학생 자녀를 둔 학부모라면 시험 부활에 찬성할 것인지, 반대할 것인지 생각해 보세요.

의견	찬성하겠다 / 반대하겠다
그 이유	

04 친구들 간에 공부를 놓고 경쟁을 하는 경우와 협력을 하는 경우 어느 쪽이 실력향상에 도움이 된다고 생각합니까?

의견	경쟁 / 협력
그 이유	

05 (나) 글은 내신 위주의 대입제도로 교실 분위기가 삭막해지고 일부 학생은 전학까지 가는 현상을 이야기하고 있습니다.
각 학교에서는 학생 개개인의 실력을 평가하기 위해 비슷한 기준과 방법으로 시험을 치룹니다. 이에 대한 나의 생각을 이야기하고, 내가 선생님이라면 어떤 방법으로 학생들의 실력을 평가할 것인지 평가방법과 기준을 생각해 보세요.

① 학교에서 실시하는 시험에 대한 나의 생각은?

② 나라면 이런 방법으로 평가하겠다!

③ 학생들의 평가 기준은 이것이다!

06 나는 국어 선생님입니다. 2학년 국어 기말시험 문제를 내세요.

2학년 기말고사

과목	국어	반, 번호		이름	

07 동전에도 앞뒷면이 있듯 대부분의 사물이나 현상은 긍정과 부정의 두 가지 면을 가지고 있습니다. 경쟁이 가져오는 긍정적인 면과 부정적인 면을 모두 생각해 보세요. 그리고 현대 사회에 경쟁이란 필요한 것인지 자신의 생각을 논술해 보세요.

【유의사항】
① 자신만의 제목을 따로 정할 것.
② 분량은 600자 내외로 할 것.
③ 나의 입장과 반대되는 논거도 반드시 언급할 것.

다음은 이솝우화「토끼와 거북이」를 바꾼 이야기입니다. 잘 읽고 생각해 보세요.

옛날에 토끼와 거북이가 경주를 해서 거북이가 이겼습니다. 그러자 토끼는 계속 다시 경주를 하자고 말을 했습니다. 그래서 이번에는 거북이가 토끼에게 물에서 경주를 하자고 했습니다. 토끼는 열심히 수영 연습을 했습니다.

심판인 문어가 출발 신호를 보냈습니다. 그러기가 무섭게 둘은 물 속으로 뛰어 들어 갔습니다. 토끼는 열심히 헤엄을 쳤지만, 계속 거북이보다 한참이나 뒤쳐졌습니다. 거북이는 '이번에도 내가 이기겠군.' 하며 뒤에 오고 있는 토끼를 돌아보았습니다. 그렇게 자꾸 뒤를 돌아보다 거북이는 그만 바위에 머리를 부딪치고 말았습니다.

거북이는 정신을 잃고 물에 떠내려갔습니다. 헤엄을 잘 치지 못했던 토끼는 열심히 헤엄을 치고 있다가 거북이가 떠내려 오는 것을 보았습니다. 토끼는 지난번에 진 것이 분했지만, 거북이가 불쌍해서 거북이를 구해 등에 업고 힘들게 헤엄을 쳤습니다.

문어 심판은 거북이를 등에 업고 오는 토끼를 보고, 무승부라고 했습니다.

나중에 거북이는 토끼가 자기를 구해 준 것을 알고 토끼와 친하게 지냈습니다.

☞ 출처 : 정기철,『생각을 열어주는 동화』, 바름

위 글은 토끼와 거북이의 두 번째 경주 이야기를 하고 있군요. 그런데 두 번째 경주를 마친 후 토끼와 거북이는 경기 규칙에 대해 불만을 이야기했다고 합니다. 과연 이 둘은 경기 규칙의 어떤 점에 불만이 있었을까요? 그리고 이를 지켜본 나는 공정한 경쟁이 되기 위해 토끼와 거북이에게 어떤 경주를 겨루게 할 건가요? 생각해서 정리해 보세요.

토끼의 불만	
거북이의 불만	
내가 제안하는 경주	

다음은 토끼와 거북이의 두 시합을 지켜 본 청개구리와 도마뱀의 이야기입니다. 잘 읽고 내가 도마뱀이라면 마지막에 어떤 말을 했을지 생각해서 정리해 보세요.

도마뱀 : 토끼는 거북이가 불쌍해서 업고 결승점에 들어왔어. 지난 번 경주에서 거북이에게 지고도 말야, 토끼는 정말 착하지 않니?

청개구리 : 그래, 거북이는 그 사실을 알고 토끼와 친하게 지내게 되지. 그런데, 토끼의 행동을 모두 잘 했다고만 할 수 있을까?

도마뱀 : 지난 번 경기에서 잠자고 있는 자신을 깨우지 않고 지나쳐갔던 거북이보다 토끼가 의리가 더 있는 거 아냐?

청개구리 : 의리는 있을지 몰라도 그런 행동이 서로에게 실력을 높이는 데는 도움이 되지 않아. 생각해 봐. 이제 토끼와 거북이는 경주를 하지 않을 거야. 그럼 거북이는 더 이상 달리기 연습을 하지 않을 거고, 토끼 역시 수영 연습을 하지 않을 거야.

도마뱀 : 거북이는 물 속에서 수영을 잘 하면 되고, 토끼는 땅 위에서 달리기를 잘 하면 되지, 왜 거북이가 달리기를 잘해야 되고, 토끼가 수영을 연습해야 돼?

청개구리 : 세상이 토끼와 거북이처럼 친구들만 모여 사는 곳은 아니잖아. 만약에 햇볕을 쬐러 거북이가 땅에 올라왔다고 해봐. 그런데, 못 된 사람들이 거북이를 잡으려고 달려들면 달리기를 못 하는 거북이는 잡히고 말거야. 토끼도 발을 헛디뎌서 물에 빠지면 수영을 못하니까 상어에게 잡혀먹을 수도 있고 말야.

도마뱀 : 에이, 못 된 사람이나, 상어를 만나지 않는 곳에서 사이좋게 지내면 되지 뭐,

청개구리 : 네 말대로 설령 그런 곳이 있어서 토끼와 거북이가 살 수 있을지도 몰라. 하지만, 그런 곳에서도 만일 먹을 것이 없다면, 그러니까 거북이가 물 속에서 먹을 것을 찾지 못하면 땅에 올라와 먹을 것을 찾아야 하고, 토끼도 물 속에 들어가 먹을 것을 찾아야 할 때도 있잖아?

도마뱀 : 지금 이렇게 숲 속에 먹을 것이 많은데, 거북이가 땅 위로 오르거나, 토끼가 물 속에 들어갈 필요는 없는데 뭐.

청개구리 : 그게 아냐, 토끼와 거북이가 서로 친하게 지내고 동물들이 서로 잡아먹지 않는 숲이 되서, 그 수가 엄청 많아지게 되면 어떻게 될까? 새로운 먹잇감을 찾으러 떠나야 하지 않을까? 그럴 때는 토끼에게 수영 실력이 필요하고, 거북이에게는 달리기 실력이 필요하지 않을까?

도마뱀 : ▶______________________________

____

____

____

____

____

복권제도의 두 얼굴

교과서 관련 단원 도덕4 : 「생활 속의 경제 윤리」

주제 : 복권제도는 경제활동인가, 사행심을 조장하는가

주제선정 배경 : 인간은 살아가기 위해 끊임없이 경제행위를 한다. 경제행위가 있기에
사회는 지속적인 조화와 발전을 도모한다. 대표적 경제행위가 노동, 즉 직업이
란 것은 말할 것도 없다. 이 외에도 여러 경제행위가 있을 수 있는데. 특히 복
권제도는 어떠한가, 복권제도 역시 경제행위라 할 수 있는지, 아니면 사행심을
조장하는 제도인지 생각해 본다.

 다음은 <경향신문>이 보도한 기사의 일부입니다. 잘 읽고 생각해 보세요.

초등학교 앞 불법게임기 성인오락 '판박이'

초겨울 추위가 기승을 부리던 지난 15일, 서울 성북구의 한 초등학교 앞 문방구는 아이들로 북적였다. 삼삼오오 모여 게임에 열중하고 있다. 쌀쌀한 기운 탓에 몸을 오들오들 떨면서도 자리를 뜨지 않았다.

초등학교 5학년 강모 군이 설명하는 '가위바위보'의 게임법칙은 간단했다. 100원짜리 동전을 넣고 5초 동안 손가락을 최대한 빨리 움직여 버튼을 눌러대면 된다. 일정한 점수가 넘으면 가위바위보를 할 수 있는 기회가 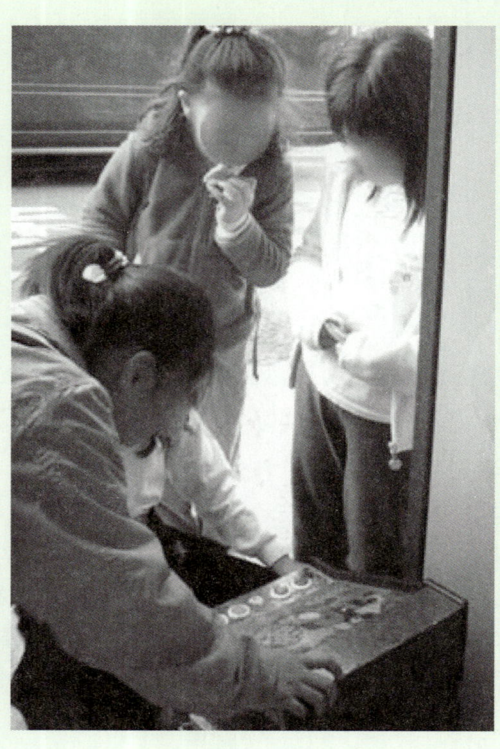 주어지고 여기서 이기면 1개부터 7개, 20개의 메달이 쏟아진다. 이 메달은 문방구에서 100원의 값어치를 지닌다. 게임이 잘만 '풀리면' 친구들에게 한 턱 쏠 수 있다고 자랑한다.

메달을 몇 개나 따봤냐는 질문에 아이들은 신이 났다. 20개는 기본. 한 아이는 용돈을 모두 털어 메달 50개를 따본 적이 있다며 자랑스럽게 말했다. 주위에 있던 친구들은 부러운 듯 "진짜? 진짜?"를 연발했다.

초등학교 3학년 김모 양도 '묵찌바' 게임에 한창이다. 묵찌빠를 이기면 상품으로 자석 퍼즐부터 장난감 조립, 레이저 권총 무전기 등을 받을 수 있다. 그러나 사탕이 대부분. 아이들은 "심심풀이로 하는 거예요"라고 말하면서도 매번 사탕이 나오자 안타까워하며 발을 동동 굴렀다. 또 한 무리는 '심지뽑기'에 열을 올리고 있었다. 빨간 공을 잘만 고르면 5000원짜리 상품권을 얻을 수 있기 때문. 아이들은 게임기를 흔들거나 몸을 기계에 바짝 밀착시켜 '힌트(?)'를 얻으려는 몸부림도 서슴지 않았다.

아이들은 "자주하진 않지만 돈 있을 때마다 한다"며 "좋은 게 걸릴 수도 있지 않느냐"고 말했다. 또 돌아가는 시계판을 세워 바늘이 멈춘 숫자만큼 메달을 주는 게임도 있다고 알려줬다. 액수와 게임법칙은 다르지만 파친코, 룰렛 등 성인들의 도박과 닮은꼴이다.

문제는 이들 게임기가 모두 불법이라는 것. 게임장 외 문방구나 당구장 등 일반영업소에서 게임기를 설치할 수 있도록 허용한 '싱글로케이션' 제도는 ▲전체 이용가 게임물 ▲배팅 기능이나 경품제공 기능 게임기 설치 불가 ▲내부설치 등을 규정하고 있다. 그러나 이들 게임기는 허가등급 없이 불법으로 유통되고 있으며, 100원으로 환산되는 메달을 제공해사실상 경품을 제공하고 있다. 또 대부분 도로변에 설치돼 있어 교통사고의 위험까지 우려된다.

하지만 업주들은 문제될 게 없다는 입장이다. "큰 돈은 안 되지만 월세라도 내기위한 고육지책(苦肉之策)"이라며 "요즘 초등학생들은 교실에서 자기들끼리 돈내기도 한다"고 사행성 게임기로 인한 도박 무감각증을 대수롭지 않게 받아들였다. …하략…

☞ 디어칸, 이성희 기자(mong2@khan.co.kr)

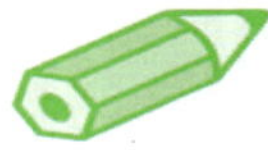

위 기사를 읽고 생각나는 속담이나 명언, 관용구를 써 보세요.

예) 신선놀음에 도끼자루 썩는 줄 모른다.

①

②

③

④

다음 설문지에 응답하세요.

나는 위 글과 같거나 비슷한 종류의 게임을 해 본 적이 있다.

예	아니오
왜 하게 되었습니까?	왜 하지 않았다고 생각합니까?
________________	________________
________________	________________
중독이라고 생각합니까?	한 번 해 보고 싶은 유혹을 느꼈습니까?

예	아니오	예	아니오
왜 그렇게 생각합니까?	왜 그렇게 생각합니까?	어떻게 대처했습니까?	게임하는 사람들을 어떻게 생각합니까?
_______	_______	_______	_______
_______	_______	_______	_______
_______	_______	_______	_______

수고하셨습니다.
마지막으로 의견을 묻겠습니다. 초등학교 앞에 설치되어 있는 게임기에 대한 우려의 목소리가 높습니다. 이에 대한 해결점을 나름대로 제시해 주시기 바랍니다.

복권제도는 경제활동인가, 사행심을 조장하는가

다음은 김유정의 소설 「금 따는 콩밭」의 일부입니다. 잘 읽고 생각해 보세요.

김유정의 「금 따는 콩밭」 – 작품 줄거리

금을 캐기 위해 영식은 콩밭 하나를 잡쳤다. 콩밭 다 헤쳐 놓은 것을 안 마름은 크게 성을 내며 파 놓은 구덩이를 묻지 않으면 징역을 갈 줄 알라고 포악을 떤다. 구덩이 안에서 영식은 수재의 머리를 흙덩이로 내리친다. 어느 날, 콩밭에서 홀로 김을 매고 있는데 수재가 '이 밭에 금이 묻혔으니 파 보자'고 했고, 몇 차례 거절하였으나 아내의 부추김도 있고 해서 응낙하였던 것이다.

신경이 날카로워진 영식은 아내를 윽박지르고, 이에 아내도 독이 오른다. 없는 양식을 꾸어다 콩밭에서 산제를 지낸 며칠 후 아내가 점심을 이고 콩밭으로 가니 영식과 수재가 한바탕 몸싸움을 한 듯 했다. 아내가 분통을 터뜨리자 영식은 아내를 후려치고, 그 모습에 조바심이 난 수재는 금줄을 잡았다며 황토흙을 내보인다. 좋아라 영식이 내외가 달려와 기뻐할 때 수재는 오늘 밤 꼭 달아나리라 생각한다.

…상략…

"왜 또 파. 이것들이 미쳤나 그래!"

산에서 내려오는 마름과 맞닥뜨렸다. 정신이 떠름하여 그대로 벙벙히 섰다. 오늘은 또 무슨 포악을 들으려는가.

"말라니까 왜 또 파는 거야."

하고 영식이의 바지게 뒤를 지팡이로 콱 찌르더니,

"갈아먹으라는 밭이지 흙 쓰고 들어가라는 거야? 이 미친 것들아 콩밭에서 웬 금이 나온다고 이 지랄들이야 그래."

하고, 목에 핏대를 올린다. 밭을 버리면 간수 잘못한 자기 탓이다. 날마다 와서 그 북새를 피고 금하여도 담날 보면 또 여전히 파는 것이다.

"오늘로 이 구덩을 도로 굳혀 놔야지 낼로 당장 징역 갈 줄 알게."

너무 감정에 격하여 말도 잘 안 나오고 떠듬떠듬거린다. 주먹은 곧 날아들듯이 허구리께서 불불 떤다.

"오늘밤 좀 해보고 고만두겠어요."

영식이는 낯이 붉어지며 가까스로 한마디 하였다. 그리고 무턱대고 빌었다.

…중략…

영식이는 본디 금점에 이력이 없었다. 그리고 흥미도 없었다. 다만 밭고랑에 웅크리고 땀을 흘려 가며 꾸벅꾸벅 일만 하였다. 올엔 콩도 뜻밖에 잘 열리고 맘이 좀 놓였다.

하루는 홀로 김을 매고 있노라니까,

"여보게 덥지 않은가, 좀 쉬었다 하게."

고개를 들어보니 수재다. 농사는 안 짓고 금점으로만 돌아다니더니 무슨 바람에 또 왔는지 싱글싱글한다. 좋은 수나 걸렸나 하고.

"돈 좀 많이 벌었나. 나 좀 주게."

"벌구말구 맘껏 먹고 맘껏 쓰고 했데."

술에 거나한 얼굴로 신껏 주절거린다. 그리고 밭머리에 쭈그리고 앉아 한참 객설을 부리더디,

"자네 돈벌이 좀 안 할려나, 이 밭에 금이 묻혔네 금이……."

"뭐"

하니까, "바로 이 산너머 큰골에 광산이 있다. 광부를 삼백여 명이나 부리는 노다지판인데 매일 소출되는 금이 칠십냥을 넘는다. 돈으로 치면 칠천원, 그 줄맥이 큰 산허리를 뚫고 이 콩밭으로 뻗어 나왔다"는 것이다. 둘이서 파면 불과 열흘 안에 줄을 잡을 게고 적어도 하루 서돈씩은 따리라. 우선 삼십 원만 해두 얼마냐. 소를 사덴두 반 필이 아니냐고.

…중략…

섣부르게 농사만 짓고 있다간 결국 비렁뱅이밖에는 더 못된다. 얼마 안 있으면 산이고 논이고 밭이고 할 것 없이 다 금장이 손에 구멍이 뚫리

고 뒤집히고 뒤죽박죽이 될 것이다. 그 때는 뭘 파먹고 사나, 자 보아라. 머슴들은 짜기나 한 듯이 일하다 말고 후딱 하면 금점으로들 내빼지 않는가. 일꾼이 없어서 올엔 농사를 질 수 없으니 마느니 하고 동리에서는 떠들썩한다. 그리고 번둥포농이 좇아 호미를 내어 던지고 강변으로 개울로 사금을 캐러 달아난다. 그러나 며칠 뒤에는 지까다비신에다 옥당목을 떨치고 춋자를 뽑는 것이 아닌가.

아내는 콩밭에서 금이 날 줄을 아주 뜻밖이었다. 놀라고도 또 기뻤다. 올해는 노상 침만 삼키면 그놈 코다리(명태)를 짜장 먹어 보겠구나만 하여도 속이 메질 듯이 짜릿하였다. 뒷집 양근댁은 금점 덕택에 남편이 사다 준 흰 고무신을 신고 나릿나릿 걷는 것이 무척 부러웠다. 저도 얼른 금이나 펑펑 쏟아지면 흰 고무신도 신고 얼굴에 분도 바르고 하리라.

…하략…

01

영식은 지금 이러저러한 일로 신경이 잔뜩 날카로워져 있습니다. 영식의 신경을 날카롭게 하고 있는 것들은 무엇일까요?

①

②

③

④

02

영식은 콩밭에 금이 있다는 수재의 말을 믿고 콩밭에 구덩이를 만들었습니다. 만약 내가 영식이었다면 어떻게 행동했을지 생각해 보세요.

내가 영식이었다면…

03 혹시 하는 마음에 일을 시작한 영식은 결국 헛된 꿈을 꾸고 만 것이 되고 말았습니다. 여러분도 혹시 기대를 걸었다가 실망한 적이 있었을 거예요. 어떤 경우였는지 이야기해 보세요.

①

②

③

④

 다음은 <강원일보>가 보도한 내용의 일부입니다.

인생 대역전의 꿈 '로또'

인생 대역전은 가능한 것인가, 아니면 잡힐 듯 하면서도 잡을 수 없는 환상일까. 국내에 로또복권이 도입된 지 2년여가 가까워 오고 있다. 국가가 나서 사행심을 조장한다는 비난 여론에도 불구하고 로또 열풍은 사그라들 줄 모르고 있다. 특히 끝이 보이지 않는 경제난 속에서 서민들 사이에서는 일주일을 버틸 수 있는 유일한 희망이 로또밖에 없다는 자조적인 목소리도 나오고 있다.

식지 않는 열기
정부는 지난 8월 로또복권의 '과열'을 막기 위해 가격을 2,000원에서

1,000원으로 인하했다. 그러나 판매액은 크게 줄어들지 않고 있다.

로또복권·주택복권 판매시행자인 국민은행에 따르면 제97회 로또복권 판매액은 모두 577억원으로, 지난 8월 가격 인하 이전의 예전 평균 600여억 원보다 소폭 떨어지는데 그쳤다.

…중략…

로또 확률은 814만분의 1

로또복권의 1등 당첨확률은 얼마나 될까. 이론적으론 45개 숫자 가운데 행운의 숫자 6개를 모두 맞힐 확률은 814만분의 1이지만 현실은 이보다도 더 낮게 나타날 수 있다는 것이 전문가의 의견이다.

통계전문가들에 따르면 골프에서 홀인원 할 확률이 2만분의 1, 자동차 사고로 사망할 확률이 3만분의 1, 화재로 인해 사망할 확률이 40만분의 1, 벼락맞아 사망할 확률은 50만분의 1로 추정된다.

따라서 로또복권을 사서 11등에 당첨될 확률보다 벼락맞을 확률이 16배 높다는 계산이 나온다.

그렇지만 수많은 서민들은 "대박의 행운이 나에게 올 수도 있다"는 기대심리에 들떠 하루하루를 살고 있다.

…하략…

04 로또복권의 열풍이 식지 않는 이유는 무엇일까요?

04-1 내가 성인이 되면 로또복권을 해 볼 의향이 있습니까?

의견	있다/ 없다
그 이유	

04-2 로또복권이 대중화 되면서 우리는 종종 로또복권으로 성공한 사람과 실패한 사람의 뉴스를 접하게 됩니다. 어느 경우가 있는지 정리해 보세요.

성공한 경우	실패한 경우

05 우리나라의 경우 약 30%, 유럽의 복지국가는 최고 약 60%까지 복권에 세금을 매깁니다. 거둬들인 세금은 국가사업에 쓰이게 되지요. 그러나 복권에 중독되는 사람들도 많습니다. 복권제도는 경제활동일까요, 사행심을 조장하는 제도일까요? 지금까지의 논의를 토대로 논술하세요.

【유의사항】
① 「금 따는 콩밭」과 '로또복권'을 모두 언급할 것.
② 분량은 800자 내외로 할 것.
③ 문제점에 대한 대안을 반드시 제시할 것.

 다음 글을 읽고 생각해 보세요.

기대해 군의 하루

기대해 군은 오늘도 늦잠을 자고 말았다. 인터넷 경품 당첨 확률이 높다는 새벽에 사이트에 접속 하느라 늦게 잠자리에 들었기 때문이다.

피곤한 몸을 움직여 냉장고 문을 연 기대해 군은 물 대신 비타민 음료를 마시고 재빨리 뚜껑 안쪽을 살핀다. 하지만 뚜껑 안쪽에 새겨진 '다음 기회에!'라는 문구는 학교에 지각한 기대해 군의 몸과 마음을 더욱 무겁게 짓누른다. 그러나 기대해 군은 희망을 잃지 말자고 주먹을 불끈 쥔다. 가끔씩 '한 병 더!'가 나와서 기운을 북돋워 주지 않는가!

황급히 교복으로 갈아입은 기대해 군은 학교를 향해 뛰어간다. 학교 등교시간에 늦은 때문도 있지만 무엇보다 기대해 군의 주머니 속엔, 어제 매점에서 산 과자봉지 속에서 나온 '한 봉지 더!' 스티커가 있기 때문이다.

 사람의 기대심리를 자극하는 것에는 복권 말고도 우리 주위에서 흔하게 찾아볼 수 있습니다. 무엇이 있는지 찾아 써 보세요.

①

②

③ ____

④ ____

앞 글의 주인공인 기대해 군은 각종 경품 행사에 푹 빠져 있는 듯 합니다. 실제로 많은 회사들이 자신들의 상품을 팔기 위한 전략으로 다양한 경품 행사를 실시합니다. 그렇다보니 본인이 응모하는 경품 행사도 있지만, 어떠한 물건을 구입함으로써 저절로 경품 행사에 참여하게 되는 경우도 꽤 많습니다. 내가 접해 본 경품 행사는 무엇이 있는지 생각해 보세요.

아이스크림 회사에서 이번에 신상품을 개발하여 경품 행사를 실시하려고 합니다. 어떠한 경품 행사가 적당할지 내가 직접 마케팅 실장이 되어 계획해 보세요.

경품 행사명		기간	
상이름 및 상품			

응모방법	(제품 안에 무작위로, 퀴즈응모 등)
기타	

메모란

메모란

메모란

저자 소개

정기철

문학박사 / 독서 · 글쓰기 교육 전공
한남대학교 문예창작학과 교수
한남대학교 영재교육연구소 소장
대전교원연수원 · 경북교원연수원 강사

주요 저서
- 읽기교육의 이론과 실제(2000)
  (2001년 문화관광부 우수학술 도서)
- 문장의 기초(2001)
  (2003년 교사들이 선정한 중등부 문학 추천 도서)
- 창의력 개발을 위한 독서지도법과 독서신문 만들기(2001)
- 인성교육과 국어교육(2001)
  (2002년 대한민국 학술원 우수학술도서)
- 논술 교육과 토론(2002)
- 새로운 시대, 새로운 글쓰기를 위한 고전 시가 퍼 올리기(2005)
  外 다수

주요 논문
- 문학교육의 주체와 학습 방법
- 「대한민보」소재 시조의 형식적 특성과 글쓰기 교육으로서의 함의
- 한국 전래동화의 교육적 가치와 미래
- 가사문학의 전통과 새로운 글쓰기
- 조선 후기 가사의 담론 기반과 특성
- 새로운 매체 문화시대의 글쓰기와 시조
- 민요의 문학적 의의와 지도 방법
  外 다수

♣ 이 책을 내는데 도움을 주신
   한남대학교 영재교육연구소 언어영역 연구원 선생님들

   박경희 선생님   서진배 선생님   손민영 선생님
   송은미 선생님   이선해 선생님   천명은 선생님

♣ 그 외 도움을 주신 선생님들

   이명미 선생님   안지순 선생님

이 책을 사용하시는 선생님들은 〈daum(다음) / 카페 / 교통논술〉에 들어오시면,
모범답과 수업 목표, 그리고 수업 자료를 보실 수 있습니다
(회원 등록시 **실명**으로 등록하시기 바랍니다.)